••• Títulos relacionados

IFCT0310. ADMINISTRACIÓN DE BASES DE DATOS

[DISPONIBLE CERTIFICADO COMPLETO]

Solicítalos en

- Librería
- www.paraninfo.es
- Solicitudes nacionales +34 914 463 350
- Solicitudes fuera de España +34 913 308 907
  +34 913 308 919

Sistemas de almacenamiento
UF1466

Carlos Caballero González
Juan Antonio Clavero García

Diseño y maquetación: Ediciones Nobel, S. A.

Impresión: Liberdigital (Casarrubuelos, Madrid)
ISBN: 978-84-283-6677-9
Depósito legal: M-25859-2024

Impreso en España

A mis padres, hermanos y amigos por inculcarme los valores que conforman lo que soy.

A mis alumnos porque sin ellos no hubiera tenido sentido este trabajo.

C. Caballero González

Para mi familia, que ha tenido que sentir mi falta de dedicación a ellos y que, a pesar de eso, siempre me apoya frente a todas las adversidades.

J. A. Clavero García

Autores

Carlos Caballero González es doctor e Ingeniero en Informática *cum laude* (2007 y 2013). Los estudios de doctorado realizados en Tecnologías Informáticas tienen mención especial de calidad por parte del Ministerio de Educación. Además, es titulado de varios másteres oficiales por la Escuela Técnica Superior de Ingeniería en Informática de Málaga (Inteligencia Artificial e Ingeniería del Software) y por la Escuela Técnica Superior de Ingenieros Industriales de la Universidad CEU-San Pablo.

Caballero es funcionario de carrera profesor titular de la especialidad de sistemas y aplicaciones informáticas dependiente de la Junta de Andalucía desde el año 2008, impartiendo docencia directa a alumnos de ciclo formativo de grado superior de la familia profesional de Informática y Comunicaciones. Además, es profesor colaborador en la Universidad Oberta de Cataluña desde el curso 2013/2014 en las enseñanzas del área de Informática y Telecomunicaciones, y profesor del Ministerio de Educación en el proyecto de Aula Mentor en el área de Informática desde el curso 2012/2013.

Carlos Caballero ha buscado la excelencia en sus investigaciones tal y como avalan todas sus publicaciones en revistas del primer cuartil (dos publicaciones en la revista *Solar Physics*).

Juan Antonio Clavero García es técnico superior en Administración de Sistemas Informáticos y en Red. Es experto en Linux, gestión y monitorización de redes, *scripting,* administración de bases de datos y servicios web con alta disponibilidad, con más de diez años de experiencia laboral.

En el transcurso de su experiencia profesional ha ocupado diferentes puestos de trabajo, desde técnico de reparación y montaje de sistemas informáticos, pasando por responsable del servicio técnico hasta ocupar el cargo de gerente.

En el desempeño de sus funciones ha resuelto proyectos tanto para el sector privado como para el sector público.

Índice

Introducción normativa

La Ley Orgánica 3/2022, de 31 de marzo, de ordenación e integración de la Formación Profesional, contiene una disposición derogatoria única que afecta a la regulación de los certificados de profesionalidad, ahora denominados **Certificados Profesionales.** La referida normativa deroga la Ley Orgánica 5/2002, de 19 de junio, de las Cualificaciones y de la Formación Profesional, y abre un escenario de cambios que se irán implementando progresivamente.

La Ley Orgánica 3/2022, de 31 de marzo, de ordenación e integración de la Formación Profesional implica que toda la formación es acumulable. La oferta formativa se estructura de forma escalonada, siendo los Certificados Profesionales un nivel intermedio (Grado C) de una escala que va desde el Grado A hasta el E.

En los artículos 35 a 38 de la Ley 3/2022 se describe en qué consisten estos Certificados Profesionales: su oferta, formación asociada, estructura, duración, acceso, titulación y validez. Posteriormente, esta normativa se completa con lo dispuesto en el Real Decreto 659/2023, de 18 de julio, que desarrolla la ordenación del sistema de Formación Profesional. Concretamente en los artículos 67 a 81 es donde se hace referencia a la oferta formativa de Grado C, correspondiente a los Certificados Profesionales.

Están agrupados en 26 familias profesionales con características comunes del sector. En la actualidad hay más de medio millar de Certificados Profesionales incluidos en el Repertorio Nacional. Esta cifra no deja de crecer. Además, cada certificado está específicamente regulado por un real decreto.

Un Certificado Profesional corresponde al Grado C de la oferta del Sistema de Formación Profesional. Es un documento oficial, con validez en todo el territorio nacional y debe constar en el Catálogo Nacional de Ofertas de Formación Profesional, que certifica la capacitación para el desarrollo de una actividad profesional.

Debe detallar los módulos profesionales superados y los estándares de competencia profesional asociados a él e incluidos en el **Catálogo Nacional de Estándares de Competencias Profesionales**, así como su correspondencia con el Marco Español de Cualificaciones.

Despliegan su validez en un doble ámbito, laboral y académico:

- En el contexto laboral tienen validez profesional, porque acreditan las competencias en una determinada profesión. Para poder trabajar en algunas profesiones, se exigen determinadas cualificaciones, y los certificados sirven para acreditarlas.

- Asimismo, tienen validez académica, puesto que permiten continuar un itinerario formativo siempre que se cumplan los requisitos de acceso para cursar la titulación deseada. De tal modo que, los Certificados Profesionales que sean parte de un Grado D permitirán la matrícula modular para completar los módulos establecidos en el currículo y obtener el correspondiente título de técnico básico, técnico o técnico superior con validez en todo el territorio nacional.

Para obtener un Certificado Profesional (Grado C) es preciso cumplir con los requisitos de acceso para realizar la formación.

Estructura de los Certificados Profesionales

I. Identificación: denominación, familia y área profesional a la que pertenecen; nivel de cualificación profesional (1, 2 o 3); cualificación profesional de referencia; entorno profesional y módulos formativos que esté previsto cursar junto con la duración de cada uno de ellos.

II. Perfil profesional: incluye las competencias profesionales requeridas en el mercado laboral. En todas ellas se concretan las realizaciones profesionales y los criterios de realización.

III. Formación: describe los módulos formativos que esté previsto cursar para adquirir las competencias requeridas. En cada uno de ellos se indican las capacidades que se pretende alcanzar y la duración del módulo de prácticas no laborales —PNL—, para el que cabe solicitar exención si se cumplen determinados requisitos.

IV. Prescripciones de las personas formadoras.

V. Requisitos mínimos de espacios, instalaciones y equipamiento.

Los Certificados Profesionales se identifican con una denominación concreta y un código alfanumérico propio, y sirven para acreditar una determinada cualificación profesional. Cada certificado está asociado a una relación de unidades de competencia que, a su vez, se vinculan con una serie de módulos formativos específicos. Algunos módulos están integrados por unidades formativas y tanto unos como otras son, en ocasiones, transversales, lo que significa que se trata de contenidos incluidos en más de un Certificado Profesional.

Los Certificados Profesionales se articulan en tres niveles de competencia profesional (1, 2 y 3) conforme a lo dispuesto en el que será el Catálogo Nacional de Estándares de Competencias Profesionales, anteriormente Catálogo Nacional de Cualificaciones Profesionales (CNCP), según los criterios establecidos de conocimientos, iniciativa, autonomía y complejidad de las tareas, en cada una de las ofertas de Formación Profesional.

La oferta formativa dirigida a la obtención de los Certificados Profesionales tiene carácter modular para favorecer la acreditación parcial acumulable de la formación recibida y posibilitar así el avance en el itinerario de Formación Profesional para cualquiera que sea la situación laboral de cada persona en cada momento.

En definitiva, el Grado C constituye la oferta, parcial y acumulable, del sistema de Formación Profesional, de varios módulos profesionales del catálogo modular de Formación Profesional por razón de su significado en el mercado laboral y conducente a la obtención de un Certificado Profesional.

Las ofertas de Grado C de Formación Profesional tendrán por objeto módulos profesionales incluidos previamente en el catálogo modular de formación profesional y asociados al Catálogo Nacional de Estándares de Competencias Profesionales.

Finalidad de los Certificados Profesionales

- Contribuir a la ordenación de un Sistema de Formación Profesional al servicio de un régimen de formación y acompañamiento profesionales que sea capaz de responder con flexibilidad a los intereses, expectativas y aspiraciones de cualificación profesional de las personas a lo largo de su vida.

- Combinar escuela y empresa situando a la persona en el centro del sistema.

- Facilitar el aprendizaje permanente de toda la ciudadanía mediante una formación abierta, flexible y accesible, estructurada de forma modular, a través de la oferta formativa asociada al certificado.

- Acreditar las cualificaciones profesionales o las unidades de competencia recogidas en estas, independientemente de su vía de adquisición, bien sea través de la vía formativa, o mediante la experiencia laboral o vías no formales de formación.

- Favorecer, tanto a nivel nacional como europeo, la transparencia del mercado de trabajo.

- Contribuir a la calidad de la oferta de Formación Profesional.

Este libro

El presente libro desarrolla la Unidad Formativa denominada *Sistemas de almacenamiento,* UF1466.

Dicha unidad formativa está asociada a la Unidad de Competencia UC0226_3, forma parte del Módulo Formativo MF0223_3 *Sistemas operativos y aplicaciones informáticas* perteneciente a las Cualificaciones Profesionales de referencia: IFC080_3, de nivel 3, incluida en el Certificado Profesional denominado IFCD0111 *Programación con lenguajes orientados a objetos y bases de datos relacionales,* e IFC079_3, de nivel 3, incluida en el Certificado de Profesionalidad IFCT0310 *Administración de bases de datos.* Todas ellas se encuentran dentro de la familia profesional Informática y comunicaciones.

Según el Real Decreto 1531/2011, de 31 de octubre modificado por el RD 628/2013, de 2 de agosto, los contenidos que en esta obra se recogen se corresponden con una duración de 70 horas.

Tanto la estructura como el desarrollo del libro se ajustan a los citados reales decretos y más concretamente a los contenidos de la Unidad Formativa que le da título *Sistemas de almacenamiento,* UF1466.

Contenidos

1. **Organización y gestión de la información**
   - Sistemas de archivo:
     — Nomenclatura y codificación.
     — Jerarquías de almacenamiento.
     — Migraciones y archivado de datos.
   - Volúmenes lógicos y físicos:
     — Concepto de particionamiento.
     — Concepto de tabla de particiones y MBR.
     — Descripción de sistemas de almacenamiento NAS y SAN. Comparación y aplicaciones. Comparación de los sistemas SAN iSCSI, FC y FCoE.
     — Gestión de volúmenes lógicos. El sistema de gestión de volúmenes LVM. Guía básica de uso de LVM.
     — Acceso paralelo.
     — Protección RAID. Comparación de los diferentes niveles de protección RAID. Mención de la opción de controladoras RAID *software* o

hardware: RAID 0, RAID 1, RAID 5 (recuperación de discos grandes con RAID 5) y RAID 6.

- Análisis de las políticas de salvaguarda:
  — Los puntos únicos de fallo, concepto e identificación.
  — Tipos de copias de seguridad y calendarización de copias.
  — Salvaguarda física y lógica.
  — Salvaguarda a nivel de bloque y fichero.
  — Conceptos de alta disponibilidad. Diferencias entre clúster, *grid* y balanceo de carga.
  — Integridad de datos y recuperación de servicio. Guía mínima para elaborar un plan de continuidad de negocio. Conceptos de RTO (*Recovery Point Objective*) y RTO (*Recovery Time Objective*).
  — Custodia de ficheros de seguridad. Problemática de la salvaguarda y almacenamiento de datos confidenciales. Algunas implicaciones Ley Orgánica de Protección de Datos (LOPD).

- Análisis de las políticas de seguridad:
  — Acceso restringido por cuentas de usuario. Propiedad de la información.
  — Identificador único de acceso. Sistemas de *Single Sign-On* (SSO).
  — Protección antivirus.
  — Auditorías de seguridad.

2. **Desarrollo de diferentes supuestos prácticos, debidamente caracterizados, en los que se analicen**
   — El efecto de las posibles decisiones de particionamiento y acceso a disco así como la implementación de una política de salvaguarda de datos.
   — La política de nomenclatura de los diferentes sistemas y el desarrollo de un mapa de red para documentarlo.
   — Distintos sistemas de ficheros para estudiar la nomenclatura seleccionada y los datos de acceso y modificación de los ficheros, así como los permisos de los usuarios de acceso a los mismos.
   — La migración de datos entre diferentes sistemas.

■ Nota del Editor

En Ediciones Paraninfo estamos comprometidos con la calidad de la formación e intentamos que nuestros materiales respondan fielmente y con rigor a las necesidades de todos cuantos confían en nuestro sello editorial.

Tratamos de dar respuesta a los currículos de las unidades formativas y de los módulos que integran los distintos Certificados Profesionales, equilibrando la parte teórica con la práctica para que los procesos de aprendizaje se conviertan en experiencias gratificantes, tanto para docentes como para las personas inmersas en los procesos formativos.

Nuestros objetivos son contribuir de forma decisiva a afianzar aprendizajes, ayudar a adquirir destrezas que tengan significado para el empleo y conseguir potenciar el desarrollo personal.

Para lograrlo contamos con excelentes autores, expertos en las materias que abordan, en la mayoría de los casos docentes de dichas especialidades con dilatada experiencia tanto profesional como académica, porque buscamos perfiles familiarizados con los contextos laborales concretos a los que se refieren nuestros manuales.

Confiamos en poder serte de ayuda y esperamos tus impresiones acerca de nuestro trabajo. Sean positivas o negativas, serán muy bien recibidas y, sin duda, nos ayudarán a seguir mejorando y trabajando con ilusión para continuar siendo un referente en formación para el empleo.

Agradecemos tu confianza en nuestros manuales. Todo nuestro equipo queda a tu total disposición. Puedes contactar con nosotros en esta dirección de correo electrónico:

info@paraninfo.es

1. Organización y gestión de la información

Introducción

Desde que el ser humano existe siempre ha tenido la necesidad de utilizar elementos o mecanismos que le facilitaran las tareas repetitivas o rutinarias. Un elemento básico en la evolución del ser humano ha sido la información.

> La información es toda forma de representación de hechos, objetos, valores, conceptos, etc., que permiten la comunicación entre las personas. Además de adquirir conocimiento del mundo que les rodea.

La información se ha utilizado y tratado a lo largo de la historia a través de libros, periódicos, etc. En definitiva, en soporte de papel. No obstante, es a partir del nacimiento de los computadores (aproximadamente en 1940) cuando se comienzan a utilizar máquinas electrónicas. La lógica evolución de los sistemas computacionales ha dado lugar a que la información no sea tratada como datos sin relación. El concepto de dato se define como *la información sobre algo concreto que permite su conocimiento exacto.*

Los sistemas de información permiten la organización y gestión de la información de modo que un sistema de información se define como *un conjunto de elementos orientados al tratamiento y administración de datos e información.*

Un *sistema informático* está compuesto por tres componentes: *hardware*, *software* y humano. El componente *hardware* incluye al computador y a cualquier otro dispositivo informático. El *software* incluye el sistema operativo y el conjunto de aplicaciones necesarias para que el usuario pueda desempeñar las funciones que se requieran en dicho sistema informático. Por último, existe un componente humano que es el que hace posible que exista el sistema informático, y que está compuesto por el personal técnico y por los usuarios.

En este capítulo se van a presentar los métodos de organización y gestión de la información en los sistemas informáticos contemporáneos. Destacando sus principales características que permitan decidir qué organización es la más adecuada según las necesidades del sistema. Además, se presentarán conceptos y métodos prácticos para la creación de sistemas que permitan la seguridad e integridad de los datos y la información que es almacenada en nuestros sistemas informáticos.

Contenido

1.1. Sistemas de archivo

Un sistema de archivos o sistema de ficheros (*Filesystem*) es una parte fundamental en los sistemas operativos, puesto que es el encargado de la asignación de
espacio para los ficheros, la gestión del espacio libre o el acceso a los datos entre
otras tareas.

Es el sistema operativo el encargado de proporcionar las herramientas para poder
administrar y usar los ficheros según el tipo de ficheros. Por ejemplo un fichero
de música MP3 es almacenado en el soporte de almacenamiento y se creará la
estructura de datos necesaria para recuperarla y gestionar sus atributos a través
del sistema de ficheros. Por otro lado, será el sistema operativo el encargado de
proporcionar las herramientas necesarias para acceder a los bloques físicos del
soporte de almacenamiento.

Los datos son almacenados en soportes de almacenamiento físicos tales como
discos mecánicos, cintas magnéticas o dispositivos de estado sólido (SSD), y son
los sistemas de ficheros los encargados de gestionar dónde se encuentran los ficheros y del espacio disponible de los mismos.

En el contexto de este tema, se utiliza el término *formatear un dispositivo de
almacenamiento* para referirse simplemente a crear un sistema de archivos en
dicho dispositivo. Esto permite almacenar el sistema operativo, aplicaciones e información. El tipo de sistema de archivos creado dependerá de las necesidades
específicas del sistema operativo, las aplicaciones y la información que se almacenará.

Por lo general, los sistemas operativos tienen su propio sistema de ficheros, por
ejemplo, Microsoft Windows en sus versiones más recientes utiliza el sistema de
ficheros NTFS (New Technology File System), Apple usa en el sistema operativo
OS X el sistema de ficheros HFS+ (Hierarchical File System Plus) y como último
ejemplo Linux utiliza, entre otros, el sistema EXT (Extended File System). No obstante, en las plataformas de UNIX el sistema de ficheros es un elemento que puede
ser configurado según las necesidades de los usuarios. De este modo, existirán
distribuciones de Linux que utilicen EXT, XFS o BTRFS, por ejemplo. En esta sección
se describirán los sistemas de ficheros más relevantes.

Los soportes de almacenamiento además de la estructura física tienen una estructura lógica que es la base para el almacenamiento de la información y que es
gestionada por el sistema de ficheros.

Esta estructura lógica está formada por varios elementos:

- **Sector.** Un sector es la unidad mínima de almacenamiento en el soporte de
  almacenamiento. Esta unidad viene limitada por el soporte físico y no puede

modificarse. Es imposible escribir o leer una unidad inferior a esta. Los tamaños de los sectores de los soportes de almacenamiento oscila entre 512 *bytes* y 4096 *bytes* (4 KB) según los diferentes fabricantes.

- **Bloque o clúster.** Un bloque o clúster es un conjunto de sectores físicos. Es la unidad mínima de almacenamiento en el sistema de ficheros, de modo que un bloque puede estar compuesto por varios sectores físicos. Los tamaños de los bloques pueden oscilar entre 512 *bytes* y 128 KB dependiendo del sistema de fichero y de la propia configuración del administrador del sistema.

Un fichero puede estar formado por uno o varios bloques que no necesariamente tienen que estar contiguos en el sistema de almacenamiento (físico), cuando un fichero está almacenado en bloques no contiguos el sistema tiene una pérdida de rendimiento, puesto que es más eficiente gestionar un fichero que está almacenado en bloques contiguos que si hay que ir recuperando los bloques distribuidos en el soporte de almacenamiento.

Aquí es donde surge el concepto de fragmentación, el cual es el espacio que queda desperdiciado por los sistemas de ficheros al realizar las operaciones de gestión sobre los ficheros. Existen dos tipos de fragmentación en función del efecto perjudicial provocado en el sistema de ficheros sea de rendimiento o capacidad.

- **Fragmentación externa.** La fragmentación externa se provoca por la falta de reorganización de los bloques en el sistema de ficheros. Las sucesivas operaciones de creación y eliminación de ficheros de distintos tamaños provoca que se generen huecos entre los bloques utilizados por los ficheros. Estos bloques de pequeño tamaño no permiten que se almacenen los ficheros pues son de mayor tamaño, aunque exista espacio disponible en el soporte. Por ejemplo, imagine la siguiente serie de bloques de 4 KB en los cuales se encuentran dos huecos libres entre dos huecos utilizados por ficheros. En el supuesto de querer almacenar un fichero de 6 KB el sistema no podrá almacenarlo debido a que no hay suficiente espacio contiguo para ser almacenado, aunque en el sistema de ficheros existen 8 KB disponible.

Bloque usado (4 KB)	Bloque libre (4 KB)	Bloque usado (4 KB)	Bloque libre (4 KB)

- **Fragmentación interna.** La fragmentación interna es la pérdida de capacidad en el soporte de almacenamiento debido a que el tamaño del fichero no es múltiplo exacto del tamaño de los bloques, ya que la unidad mínima de almacenamiento es un bloque. Si un fichero no ocupa por completo el bloque, el espacio sobrante no podrá ser utilizado por otro fichero y quedará desperdiciado. Es por ello que no es ideal seleccionar un tamaño de bloque demasiado grande si la mayoría de los ficheros no son múltiplos de estos, pues cada fichero desperdicia el espacio sobrante. Por ejemplo, un fichero de 40 KB en un sistema de ficheros con un tamaño de bloque de 512 KB desperdicia 472 KB de espacio.

La **desfragmentación** es el proceso de ordenar los bloques de información distribuida en el soporte de almacenamiento para tener una zona de bloques utilizados y otra de bloques disponibles. De este modo, el sistema volverá a ser eficiente en el acceso de los ficheros, puesto que estarán todos los bloques del fichero contiguos, y además no existirá fragmentación externa, puesto que todo el espacio disponible estará contiguo también. El problema de la desfragmentación es que es un procedimiento que tiene un alto coste de rendimiento en algunos sistemas de ficheros. Por otro lado, se presentan sistemas de ficheros en los que la desfragmentación se hace en tiempo real o la propia estructura del sistema de ficheros provoca que exista una baja fragmentación de ficheros (Ext4 o Btrfs).

1.1.1. Nomenclatura y codificación

Un fichero o archivo es un conjunto de información relacionada de forma lógica a la que se da un nombre para identificarla de forma unívoca. Cada sistema de ficheros almacena la información de los ficheros de modo diferente según la implementación específica del propio sistema de ficheros y los metadatos que se quieran almacenar de cada uno de ellos (para la posterior manipulación). Los sistemas operativos pueden manejar diferentes sistemas de ficheros, algunos son más versátiles en la configuración de los mismos. Por ejemplo Linux permite la gestión de sistemas de ficheros tales como EXT (EXTended filesystem), EXT2 (Second EXTended Filesystem), EXT3 (Third Extended Filesystem), EXT4 (Fourth Extended Filesystem), ReiserFS, etc., o el sistema operativo Microsoft Windows soporta la gestión de FAT32 (File Allocation Table) y NTFS (New Technology File System).

La nomenclatura y la codificación está ligada al sistema de ficheros utilizado para almacenar la información. A continuación se van a describir algunos de los sistemas de ficheros más extendidos en la actualidad para comprender las diferencias existentes entre la nomenclatura y la codificación de los mismos.

FAT

Los sistemas de ficheros de la familia FAT (File Allocation Table) son sistemas de ficheros desarrollados inicialmente para el sistema operativo de Microsoft (MS-DOS) y posteriormente se han ido adaptando a las siguientes versiones de los sistemas operativos de la compañía (familia de sistemas operativos de Microsoft Windows). Estos sistemas de ficheros disponen de implementaciones (adaptaciones) en otros sistemas operativos de la familia UNIX (Linux o MacOS) para permitir compatibilidad entre los usuarios de los diferentes sistemas operativos.

La principal ventaja de esta familia de sistemas de ficheros es su fácil implementación, lo que permite que sea ampliamente extendida entre los diferentes sistemas operativos. Por otro lado, el principal inconveniente de estos sistemas de ficheros es que generan fragmentación externa en el soporte de almacenamiento.

Los sistemas de ficheros FAT están compuestos por cuatro regiones claramente diferenciadas:

1. El primer sector de la partición incluye información básica sobre la partición, punteros a otras secciones y el código de arranque del sistema operativo. Esta parte es conocida como el **sector de arranque.**

2. **Región de FAT.** Existen dos copias de la tabla de asignación de ficheros (por copia de seguridad). En esta región se almacena la información de los bloques que están ocupados por los ficheros.

3. **Directorio raíz.** Es el índice inicial donde están los directorios y ficheros que están en la ruta principal.

4. **Región de datos.** En este espacio se almacenan los datos de los ficheros y directorios. Esta es la región de la partición que ocupa la mayor capacidad de la partición, puesto que es donde se almacenan los datos. Esta región está dividida en pequeños bloques (clústers) que son las unidades mínimas de almacenamiento y varían su tamaño según la versión de FAT. Un fichero puede ocupar varios bloques, los cuales están ligados entre sí, utilizando una lista enlazada para poder reconstruir los datos de cada fichero.

Los metadatos relativos al nombre que pueden recibir los ficheros en la familia FAT se diferencian en dos tipos:

- **SFN** (*Short FileName*). En la versión original y hasta que se implementó LFN solamente se podían utilizar ocho caracteres para el nombre y tres caracteres para la extensión siendo los nombres, por ejemplo, como *foto.jpg, cancion.mp3.*

- **LFN** (*Long FileName*). Desde 1994 se pueden utilizar hasta 255 caracteres para designar el nombre del fichero. Este modo es totalmente compatible con la versión corta, puesto que se pueden destinar para la extensión tres caracteres (o más) y ocho caracteres (o más) para el nombre.

Las diferentes versiones de FAT que existen son las siguientes:

- **FAT12.** La versión inicial de FAT hoy en día se denomina FAT12 en alusión a que el bus de direcciones era solamente de 12 bits. Por lo tanto, este sistema de ficheros solamente podía direccionar hasta 4096 (22) posiciones de datos. Es un sistema de ficheros obsoleto (1977) que fue utilizado para almacenar información en los disquetes y primeros discos mecánicos; su capacidad máxima era de 32 MB. El tamaño de bloque (clúster) en este sistema de ficheros era de 512 *bytes* provocando que la capacidad máxima fuera de 2 MB (4096 bloques × 512 *bytes*). No obstante, el propio sistema de ficheros para su gestión y mantenimiento tenía un coste de almacenamiento que es de 1249 bloques, dejando para los datos un total de 2847 bloques que son 1 457 664 *bytes* (2847 bloques × 512 *bytes*), coincidiendo justo con la capacidad de un disquete de la época.

- **FAT16.** La versión de FAT que apareció inicialmente en MS-DOS (1987) y llegó a estar activo hasta el sistema operativo de Microsoft Windows XP utilizaba hasta 16 bits para direccionar las posiciones de cada uno de los ficheros. El tamaño de bloque se amplió entre 32 KB y 64 KB para los últimos sistemas operativos que lo incorporaron (Windows XP, Windows 2000 y Windows NT) en modificación de los 512 *bytes* de la versión anterior. El máximo tamaño de un fichero es de 4 GB, mientras que la capacidad máxima de una partición en esta implementación alcanzaba como máximo también los 4 GB. El principal inconveniente de esta mejora era que se provoca una mayor fragmentación interna, puesto que el tamaño del clúster había subido de los 512 *bytes* a los 32 KB haciendo que cualquier fichero que no fuera múltiplo de 32 KB en su capacidad desperdiciara espacio del soporte de almacenamiento. Al margen de la fragmentación generada por los huecos que quedaban de realizar las operaciones de eliminar y actualizar ficheros.

- **FAT32.** La versión más extendida hoy en día de esta familia de sistemas de ficheros es FAT32, la cual surge para superar el límite impuesto en la anterior versión y trata de mantener compatibilidad con el sistema operativo MSDOS. En esta nueva versión el número de direcciones a bloques es de 32 bits (aunque solamente 28 han sido utilizados realmente). El número de bloques utilizables con 28 bits es de 268 435 538, permitiendo llegar a soportes de almacenamiento de unos 8 TB. No obstante, debido a limitaciones de *software* de las aplicaciones de mantenimiento de Microsoft, la capacidad máxima se limitó en 124 GB. En las versiones del sistema operativo de Microsoft XP y Microsoft Windows 2000 se limitó en mayor medida el uso de bloques dando lugar a unidad de almacenamiento con una capacidad máxima de 32 GB. La explicación oficial de Microsoft a esta limitación es por eficiencia en el diseño del sistema de ficheros. No obstante, los propios sistemas operativos de Microsoft han sido capaces de leer otros sistemas de ficheros con mayor capacidad sin esta limitación de capacidad. Otra característica interesante de este sistema de ficheros es que la capacidad máxima de un fichero es de 4 GB (2^{32} -1). En la Figura 1.1 se muestra la estructura interna de este sistema de ficheros para dos ficheros (A y B) y su asignación de bloques en la zona de datos. Observe que cada entrada de la tabla de asignación indica el número de bloque siguiente utilizado por el fichero. De modo que se puede reconstruir el fichero saltando de un bloque a otro.

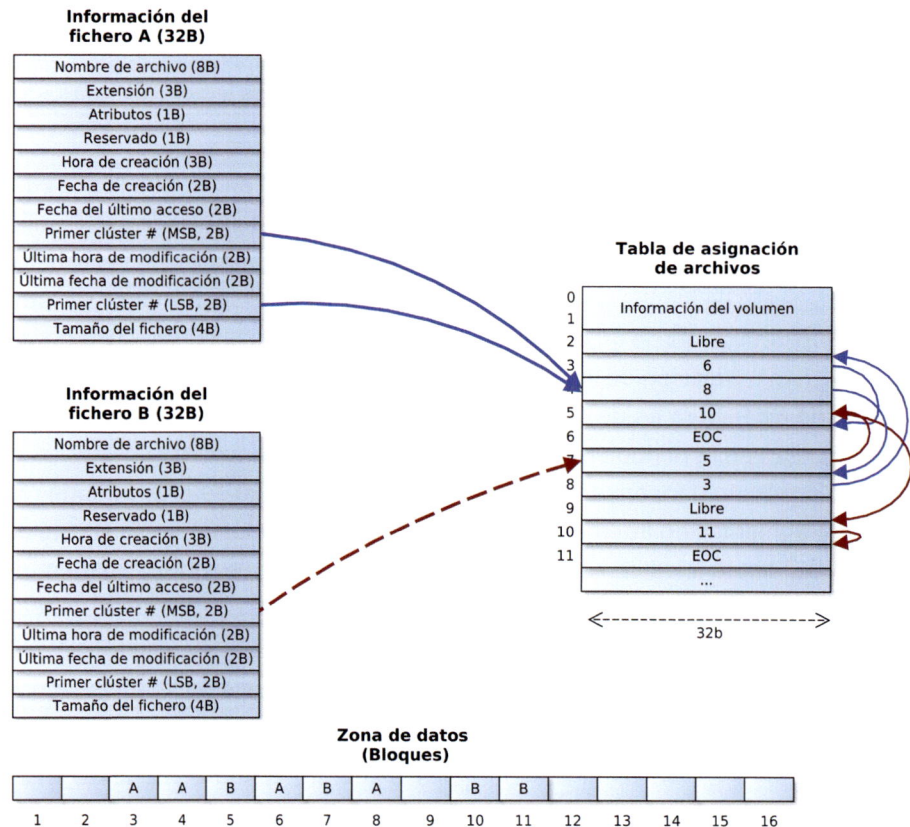

Figura 1.1. Estructura interna del sistema de ficheros FAT32. Se muestran los metadatos de dos ficheros (A y B) y la asignación de bloques utilizados por dichos ficheros en la zona de datos.

- **exFAT (Extended File Allocation Table)/FAT64.** Este sistema de ficheros es la última versión de esta familia de sistemas de ficheros desarrollado por Microsoft y está especialmente diseñado para los soportes de almacenamiento de memorias *flash*. Este sistema de almacenamiento es utilizado en lugar de NTFS cuando no se quiere sobrecargar la estructura de datos (organización de los ficheros) por el propio sistema de almacenamiento. Este sistema de ficheros es utilizado por varios sistemas operativos como son UNIX (Linux, MacOS) y Microsoft Windows permitiendo la compatibilidad de datos entre los usuarios. Este sistema de ficheros utiliza 64 bits para describir el máximo tamaño del fichero y el número de sectores disponibles en el mismo. Además, se pueden configurar tamaños de bloque de hasta 32 MB dando lugar a soportes de almacenamiento de gran capacidad. El tamaño máximo de este sistema de ficheros es de 64 ZB, aunque se recomienda utilizarlo para sistemas de ficheros con una capacidad como máximo de 512 TB.

Hoy en día el sistema de ficheros FAT sigue siendo utilizado en unidades de almacenamiento *flash* (USB) y algunas unidades de almacenamiento de SSD (*Solid State Drive*) de tamaño reducido. Además, es utilizada para la partición de arranque en algunos ordenadores con BIOS EFI.

NTFS

El sistema de ficheros NTFS (New Technology File System) es un sistema de ficheros creado por Microsoft inicialmente para la gama de sistemas operativos de servidores NT y Server, y posteriormente trasladado a toda su gama de sistemas operativos. Este sistema de ficheros permite establecer permisos y encriptar los ficheros mientras que FAT no permite esta característica.

Este sistema de ficheros fue inicialmente pensado para servidores y por tanto soporta una gran capacidad de almacenamiento. En teoría soporta hasta $2^{64}-1$ bloques, aunque en la práctica solo se soportan $2^{32}-1$ bloques, lo que da aproximadamente soporte a ficheros de hasta 16 TB usando tamaños de bloque de 4 *kilobytes* (kB). El número máximo de ficheros que soporta este sistema de ficheros es de más de 4 millones en total (232). El formato para nombrar los ficheros en este tipo de sistemas de ficheros es LFS, es decir, se dispone de 255 caracteres para los nombres de los ficheros.

El principal inconveniente de este sistema de ficheros es que requiere una gran cantidad de espacio para su propia gestión por lo que no es recomendable en soportes donde el espacio de almacenamiento sea limitado o no se quiera perder en la propia gestión del sistema de ficheros.

UFS

El sistema de ficheros UFS (Unix File System) fue introducido por primera vez en el 4.2BSD, tradicionalmente fue utilizado por sistema de ficheros UNIX y POSIX (Portable Operating System Interface) y posteriormente se extendió su uso en otros sistemas operativos como los derivados de BSD (Berkeley *Software Distribution*) tales como FreeBSD, NetBSD, OpenBSD, NeXTStep, entre otros, y en la actualidad incluso se ofrece como alternativa al sistema de ficheros HFS+ en OS X. Algunos de los conceptos más relevantes que aparecen en este sistema de ficheros se han ido manteniendo en otros sistemas ficheros como la familia EXT. El sistema de ficheros se divide en cuatro partes claramente diferenciadas.

- **Bloque de arranque (*boot*).** Se encuentra al principio del sistema de ficheros y suele estar en el primer sector. Además, suele contener el código de arranque, el cual se encarga de buscar el sistema operativo y cargarlo en memoria.

- **Superbloque.** El superbloque detalla el estado en el cual se encuentra un sistema de ficheros. En él se almacena información relativa al tamaño, total de ficheros, espacio disponible y otras variables generales del sistema de ficheros.

- **Zonas de inodos.** En esta zona se almacena una lista de inodos; cada inodo describe la información relativa a un fichero. En cada inodo se almacenan datos como el propietario, permisos, fechas de acceso y modificación, y enlaces a los bloques de datos donde se encuentra la información.

- **Bloque.** Los bloques de datos contienen la información que se quiere almacenar en el sistema de ficheros. Los bloques del mismo fichero no tienen que estar contiguos (aunque sería lo ideal para lecturas completas). Las referencias de los diferentes bloques a los que pertenece un fichero son descritas en el inodo del fichero.

Bloque de arranque	Superbloque	Zona de inodos	Zona de datos

En la Figura 1.2 se muestra la estructura de un inodo en UFS; puede observar como un primer bloque está compuesto por metadatos sobre el propio fichero: nombre, permisos, tamaño, fechas de acceso y modificación, etc. A continuación hay una serie de enlaces (punteros) a bloques en el soporte de almacenamiento con datos. Si el fichero es pequeño y solamente ocupa el espacio de datos destinado a estos primeros bloques, el acceso es realmente rápido. A continuación vienen los conocidos enlaces indirectos de primer nivel, los cuales apuntan a otras tablas con enlaces directos a bloques. Los enlaces indirectos de segundo nivel consisten en lo mismo que los enlaces de primer nivel, pero en este caso se incluye un nivel más de indexación, es decir, se apunta a una tabla con enlaces que apuntan a otra tabla. Se construye una especie de árbol para poder tener referencias de modo dinámico a los bloques donde están los datos.

Finalmente una estructura de tercer nivel incrementa en otro nivel la tabla de índices hasta llegar a los enlaces directos a bloques.

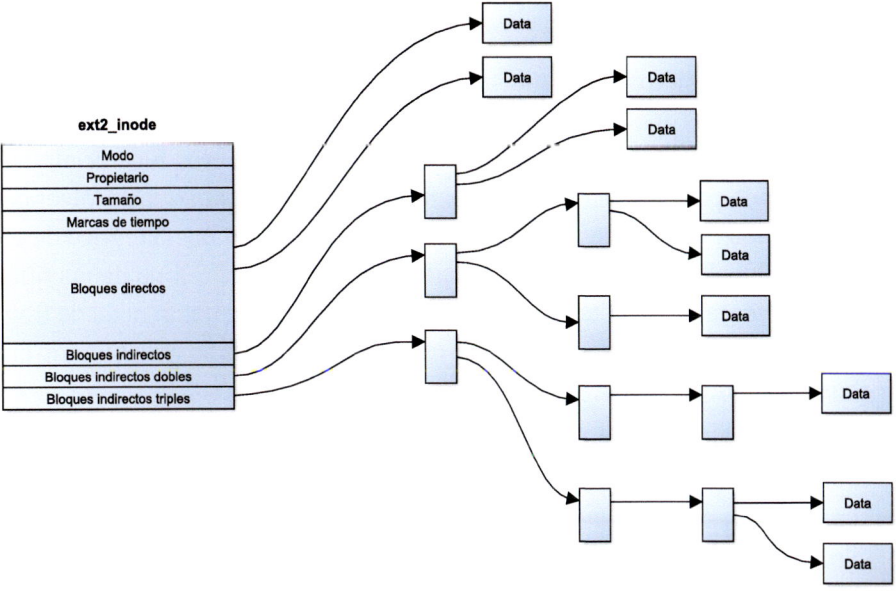

Figura 1.2. Estructura interna de un inodo. Se muestran algunos metadatos como son el modo, propietario, tamaño y marcas de tiempo. Además se ilustran los enlaces a bloques directos y los bloques indirectos.

EXT/EXT2/EXT3/EXT4

Los sistemas de ficheros de la familia EXT (Extended File System) han sido creados específicamente para los sistemas operativos de Linux. La primera versión del sistema de ficheros está inspirada en la estructura de metadatos del sistema de ficheros UFS.

A continuación se describen las principales características de cada una de las variantes que han aparecido hasta el momento:

- **EXT.** Es la primera versión de esta familia de sistemas de ficheros. Está totalmente obsoleta, y no debe utilizarse en ningún sistema operativo hoy en día, puesto que existen alternativas más recientes. Fue creado en 1992 y nació para resolver los problemas del sistema de ficheros MINIX (utilizado en distribuciones Linux hasta ese momento).

    — **Ficheros de gran tamaño** (para la época) pudiendo manejar ficheros de hasta 2 GB y particiones de hasta 4 TB.

    — **Nombres largos** de hasta 255 caracteres, subsanando la limitación anterior de 14 caracteres de MINIX.

Entre los problemas que tenía este sistema de ficheros se encontraba la poca gestión de sus metadatos, por ejemplo, se podía obtener información de los momentos de acceso (*timestamps*), modificación de un inodo y modificación de datos de los ficheros.

- **EXT2.** Este ha sido durante muchos años el estándar de sistema de ficheros en los sistemas operativos Linux (creado en 1993). Hoy en día está sustituido por las versiones EXT3 y EXT4. Este sistema de ficheros fue inicialmente pensado para ampliaciones en el futuro y para subsanar los problemas presentados en la versión anterior de EXT. El tamaño máximo teórico de un fichero llegaba hasta 2 TB en particiones de hasta 32 TB. Una de las principales ventajas de este sistema de ficheros es que tenía un nivel de fragmentación muy bajo. No obstante, el manejo de archivos de gran tamaño era bastante lento.

- **EXT3.** Esta versión del sistema de ficheros introdujo una característica muy interesante (*journaling*) que permite evitar la pérdida de datos causadas por fallos en los soportes de almacenamiento bien por ruptura o por apagones. En cambio, en este sistema de ficheros es imposible recuperar los ficheros que son eliminados por los usuarios o el sistema. En contra, este sistema de ficheros tiene menor rendimiento (de media en las operaciones comunes del sistema de ficheros) y escalabilidad como ocurre con otros sistemas de ficheros como son JFS, XFS o ReiserFS. No obstante, su consumo de CPU es inferior frente a otros sistemas de ficheros y se considera estable debido a su largo tiempo de implantación. Un resumen de las principales características de este sistema de ficheros son las siguientes:

  — *Journaling*/**registro.** El registro es un espacio en el cual se escriben las acciones antes de escribirlas en el soporte de almacenamiento. De este modo, se tiene una copia de seguridad de los datos antes de que estos sean volcados en el soporte de almacenamiento. Existen varios niveles en los diferentes registros para almacenar toda la información o solo los metadatos. A medida de que se almacene más información en el diario puede ser el sistema más ineficiente en las operaciones realizadas.

  — **Directorios con mayor capacidad de número de ficheros.** Se amplía el número de ficheros en los directorios a 32 000, esto, aunque parece una ventaja, es hoy en día una desventaja frente a otros sistemas de ficheros que tienen una mayor capacidad en esta característica.

  — **Redimensionar el sistema de ficheros en tiempo real.** Es posible redimensionar el sistema de ficheros sin necesidad de detenerlo para realizar esta operación.

Las desventajas de Ext3 son las siguientes:

— Ext3 está diseñado para mantener la compatibilidad de Ext2 y poder migrar los datos de la versión anterior a la nueva sin ningún problema. Este hecho provoca que Ext3 carezca de características avanzadas.

— Existen limitaciones en el número de subdirectorios y ficheros por cada directorio (32 000 aproximadamente).

— No se puede desfragmentar en tiempo real el sistema de ficheros, es necesario utilizar una herramienta con el sistema de ficheros detenido de Ext2.

— El diario (*journaling*) no tiene comprobación; en caso de que se produzca un error repentino en el *hardware,* puede provocar una corrupción en el sistema de ficheros.

- **EXT4.** Esta es la última versión de esta familia de sistemas de ficheros, fue desarrollada en 2008, y es el sistema de ficheros más extendido en los sistemas operativos de Linux en la actualidad, aunque existen movimientos por cambiar el sistema de ficheros en las distribuciones Linux hacia XFS y BTRFS. Las principales características de este sistema de ficheros son:

— El sistema Ext4 **amplía la capacidad máxima** de los ficheros a 16 TB y particiones de hasta un *exabyte* (1 EB).

— El **límite de los ficheros en un directorio** se aumenta de aproximadamente 3200 a 64 000.

— **Marcas de tiempo (*timestamps*) más específicas.** Las marcas de tiempo sobre las acciones que se realizan en los ficheros (accesos, modificaciones, etc.) son más específicas pasando de segundos a nanosegundos.

— **Comprobación del diario (*journaling*).** Uno de los mayores inconvenientes de Ext3 es que no realiza una comprobación del diario, lo que produce que el sistema de ficheros pueda provocar una pérdida de datos en caso de un fallo en el *hardware.*

— **El esquema de bloques utilizado en los sistemas Ext2 y Ext3 ha sido sustituido por los denominados *extends.*** Los extends son un conjunto de bloques físicos contiguos que permiten mejorar el rendimiento cuando se hace uso de ficheros de gran tamaño, puesto que se reduce la fragmentación.

— **Compatibilidad con Ext3** sin tener que formatear y perder los datos. Se dispone de las ventajas de Ext4.

— **Preasignación de espacio en los soportes de almacenamiento** para garantizar que el espacio en el soporte será contiguo, mejorando el rendimiento del mismo.

— **Reserva retrasada en el soporte de almacenamiento.** Es decir, el espacio en el soporte de almacenamiento no se asigna hasta el último momento permitiendo mejorar el rendimiento, puesto que los datos están en memoria y porque provoca menos fragmentación al permitir utilizar bloques contiguos.

— **Desfragmentación sin desmontar el sistema.** El mayor inconveniente de los sistemas de ficheros es que al hacer uso de estos mismos (crear ficheros, borrarlos y modificarlos) acaban provocando fragmentación. Ext4 evita en gran medida la fragmentación, pero en algún momento será necesaria la desfragmentación del sistema de ficheros, el cual puede ser desfragmentado a nivel de fichero, directorio o partición completa sin necesidad de detenerse.

— **Comprobación del sistema de ficheros más eficiente.** Los bloques no utilizados por el sistema de ficheros están marcados como no utilizados y las herramientas de comprobación del estado del sistema de ficheros puede omitirlos en sus comprobaciones.

ReiserFS

Este sistema de ficheros fue creado por Hans Reiser y de ahí proviene su nombre. Está soportado en las distribuciones de Linux y se espera que pueda ser utilizado en otros sistemas operativos como es Microsoft Windows. Actualmente se encuentra en desarrollo la cuarta versión de este sistema de ficheros (Reiser4), y ha sido utilizado como sistema de ficheros en algunas distribuciones de Linux por defecto (SuSe o Knoppix). Este sistema de ficheros fue abandonado por su creador debido a problemas personales y es hoy en día desarrollado por una comunidad de voluntarios.

Su esplendor provino del hecho de ser el primer sistema de ficheros con journaling estable para el sistema operativo Linux. Además, es un sistema de ficheros muy eficiente para ficheros pequeños (menores que el tamaño de un bloque, aproximadamente 4 KB). Ejemplos de usos pueden ser cacheo de servicios HTTP o servicios de correo (sin adjuntos).

Entre sus características cabe destacar las siguientes:

• *Journaling.*

• **Redimensionar el sistema de ficheros en tiempo real.**

• **Reducción de la fragmentación interna** con un esquema denominado *tail packing.* En este sistema de ficheros los ficheros menores de un bloque se denominan tail. Estos ficheros son almacenados en una estructura de datos diferente que permite que estén los datos cercanos a sus metadatos.

Las desventajas de utilizar este sistema de ficheros son las siguientes:

- No existe una manera de desfragmentar el sistema de ficheros. La única solución es volcar todo el sistema de ficheros y volver a restaurarlo.

- El equipo de desarrollo no es tan estable como otras alternativas, lo cual puede ser algo importante en los entornos de producción en los que se implante este sistema de ficheros.

JFS

JFS (Journaling File System) es un sistema de archivos con respaldo de transacciones (*journaling*) tal y como su nombre indica, creado por la compañía IBM, pero bajo licencia GNU GPL. Este sistema de ficheros fue inicialmente desarrollado para el sistema operativo de IBM llamado AIX y posteriormente adaptado a Linux. Las características más interesantes de este sistema de ficheros son:

- *Journaling.* JFS presenta algunos problemas en su implementación de escrituras en la característica de *journaling.* En concreto, las escrituras pueden ser retrasadas hasta que exista otro evento que dispare la escritura; este evento podría no lanzarse nunca y, por lo tanto, se podrían perder datos que nunca fueron guardados.

- **Administración de directorios eficiente.** JFS utiliza dos estructuras de datos diferentes para gestionar los directorios de modo que en directorios pequeños se almacenan los inodos directamente y en directorios de gran tamaño se utilizan árboles binarios.

- **Administración de memoria más eficiente.** JFS utiliza adjudicación dinámica de inodos en lugar de reservar por anticipado como hacen sistemas de ficheros como Ext2.

XFS

XFS es el sistema de ficheros con la capacidad de diario (journaling) más antiguo para UNIX (1993); por lo tanto, es un código estable y bien depurado. Un ejemplo es como la distribución de Linux comercial Red Hat Enterprise Linux utilizó XFS en versión 7 para su sistema de ficheros por defecto y poder manejar una partición de hasta 500 TB. Por otro lado, la distribución de Linux OpenSuse utiliza este sistema de ficheros para algunos puntos de montaje (/home). Este sistema de ficheros tiene una fuerte batalla con BTRFS por ser el sistema de ficheros utilizado en el futuro. Este sistema de ficheros potencia el rendimiento frente a la integridad de datos. Las principales características de este sistema de ficheros son las siguientes:

- *Journaling.*

- **Ficheros de gran tamaño llegando hasta 8 *exabytes* y particiones hasta de 16 *exabytes.***

- **Grupos de asignación.** El sistema de archivos es dividido en diferentes grupos de asignación. En cada grupo de asignación se gestionan diferentes inodos y espacio de forma independiente, de este modo se permite una mayor escalabilidad y paralelismo (varios hilos de ejecución pueden realizar operaciones sobre el sistema de ficheros).

- **Desfragmentación y aumento del tamaño de particiones en tiempo real.**

- **Tamaños de bloques dinámicos.**

BTRFS

El sistema de ficheros BTRFS (B-Tree FS) surge en 2007 con la intención de ser el sustituto de Ext3, pero hoy en día está junto a XFS siendo los sistemas de ficheros con mayor proyección por su apuesta en distribuciones de Linux comerciales como son Red Hat Enterprise Linux y SuSe Linux. Este sistema de ficheros incorpora nuevas características y mejora algunas ya existentes en otros sistemas de ficheros que se pueden resumir en las siguientes:

- **Asignación dinámica de inodos.** No se fija un número máximo de ficheros que podrá contener el sistema de ficheros, sino que se van asignando de modo dinámico según las necesidades.

- **Optimizado para soporte de almacenamiento de estado sólido (SSD).** Este sistema de ficheros tiene en cuenta cuando se trabaja con sistemas de almacenamiento SSD para optimizar su vida y sacar mayor rendimiento de los mismos.

- **Desfragmentación y comprobación del estado de ficheros *online.*** No es necesario detener el sistema para realizar las operaciones.

- Dispone de **comprobación de datos y metadatos** para ofrecer alta seguridad en la integración de los datos.

- Optimizado para la **integración con sistemas RAID.**

- **Los datos y metadatos siguen el patrón de diseño *copy-on-write*.** Este patrón de diseño permite que varios procesos accedan a un recurso compartido para operaciones de lectura creando una copia cada uno de ellos, de este modo se resuelven problemas de concurrencia. De modo que solo se copia de nuevo cuando se realizan operaciones de escritura.

- ***Snapshots* (fotografías) del sistema de ficheros.** Las snapshots son fotografías/puntos de estado del sistema de ficheros desde el cual podemos volver hacia atrás en caso de algún tipo de fallo.

- El **sistema de ficheros está comprimido** para ahorrar espacio. Los datos se encuentran comprimidos optimizando el espacio disponible.

- El sistema de ficheros dispone de copias de **seguridad incrementales** e incluso puede tener una réplica (*mirroring*) de los datos por si se provocan pérdidas.

HFS+

El sistema de ficheros HFS+ (Hierarchical File System Plus) es desarrollado por la compañía Apple Inc. para sus sistemas operativos. Este sistema de ficheros es la evolución de HFS, también de Apple para sus sistemas operativos. Este sistema de ficheros permite trabajar con ficheros más grandes que su antecesor, puesto que se utilizan hasta 32 bits para direccionar los bloques del fichero frente a los 16 bits utilizados en la versión anterior. De este modo, se puede disponer de ficheros de hasta 8 EB, los cuales pueden disponer de nombres de hasta 255 caracteres.

No es un sistema de ficheros que destaque por la innovación tecnológica como los anteriormente descritos en esta sección, pero es importante resaltarlo debido a que es el utilizado por uno de los grandes vendedores de *hardware* en la actualidad.

En la Figura 1.3 se muestra una tabla de resumen comparativa de los sistemas de ficheros anteriormente citados en los que se pueden apreciar algunas de las principales características. Por otro lado, la Figura 1.4 muestra una tabla de resumen comparativa de los metadatos gestionados por los diferentes sistemas de ficheros. Los metadatos son los que permiten conocer qué sistema de ficheros se puede adecuar en mayor medida a las necesidades de la empresa.

Sistema de ficheros	Historia			Límites básicos				Metadatos básicos		
	Año de presentación	Creador	Sistema operativo originario	Longitud máxima de nombre de fichero	Longitud máxima de ruta de acceso	Tamaño máximo de fichero	Tamaño máximo de volumen	Almacenamiento del propietario del fichero	Permisos POSIX	Listas de control de acceso (ACL)
EXT2	1993	Rémy Card	Linux/Hurd	255 *bytes*	No hay límite definido	2 TB	32 TB	Si	Si	Si
EXT3	1999	Stephen Tweedie	Linux	255 *bytes*	No hay límite definido	2 TB	32 TB	Si	Si	Si
EXT4	2006	Varios	Linux	255 *bytes*	No hay límite definido	16 TB	1 EB	Si	Si	Si
XFS	1994	SGI	IRIX, Linux, FreeBSD	255 *bytes*	No hay límite definido	8 EB	16 EB	Si	Si	Si
NTFS	2001	Microsoft	Windows XP	255 *bytes*	255 characters long	16 TB	256TB	Si	Si	Si
FAT12	1977	Microsoft	Microsoft Disk Basic	255 *bytes*	No hay límite definido	32MB	32MB	No	No	No
FAT16	1987	Microsoft	MS-DOS 3.31	255 *bytes*	No hay límite definido	2GB	4GB	No	No	No
FAT32	1996	Microsoft	Windows 95b	255 *bytes*	No hay límite definido	4GB	8TB	No	No	No
extFAT	2006	Microsoft	Windows CE 6.0/XP SP3 /Vista SP1	255 *bytes*	No hay límite definido	16EB	64ZB	No	No	No
UFS	V1: 1994 V2: 2002	Kirk McKusick	V1: 4.4BSD V2: FreeBSD 5.0	255 *bytes*	No hay límite definido	32PB	1YB	Si	Si	Si
ReiserFS	2001	Namess (Hans Reiser)	Linux	4.032 *bytes*/255 caracteres	No hay límite definido	8TB	16TB	Si	Si	No
JFS	JFS: 1990 JFS1: 1999	IBM	JFS: OS/2 Warp Server JFS1: AIX	255 *bytes*	No hay límite definido	4PB	32PB	Si	Si	Si
BTRFS	2007	Oracle Corporation	Linux	255 *bytes*	No hay límite definido	16EB	16EB	Si	Si	Si
HFS PLUS	1998	Apple Computer	Mac OS 8.1	255 UTF-16 caracteres	Ilimitado	8EB	8EB	Si	Si	Si

Figura 1.3. Comparativa de los sistemas de ficheros más extendidos.

Sistema de ficheros	Características básicas					
	Enlaces duros	Enlaces blandos	*Journaling* físico	*Journaling* lógico	*Snapshoting*	Encriptación a nivel de sistema de ficheros
EXT2	Si	Si	No	Si	No	No
EXT3	Si	Si	Si	Si	No	No
EXT4	Si	Si	Si	Si	No	Si
XFS	Si	Si	No	Si	No	No
NTFS	Si	Si	No	Si	Parcial	Si
FAT12	No	No	No	No	No	No
FAT16	No	No	No	No	No	No
FAT32	No	No	No	No	No	No
extFAT	-	-	-	-	-	-
UFS	Si	Si	No	No	UFS1: No UFS2: Si	No
ReiserFS	Si	Si	Si	Si	No	No
JFS	Si	Si	No	Si	-	No
BTRFS	Si	Si	Si	Si	Si	No. Pero planificado
HFS PLUS	Parcial	Si	No	Si	No	No

Figura 1.4. Comparativa de los metadatos de los sistemas de ficheros más extendidos.

1.1.2. Jerarquías de almacenamiento

La jerarquía de almacenamiento o jerarquía del sistema de ficheros son las normas que definen los directorios principales y sus contenidos en cada uno de los sistemas operativos. La jerarquía de fichero más extendida es la utilizada por los sistemas UNIX, denominada FHS (Filesystem Hierarchy Standard). Esta jerarquía fue inicialmente diseñada y estandarizada en el año 1994 para las distribuciones Linux, pero posteriormente fue adoptada por la mayoría de entornos UNIX (incluyendo el sistema operativo de Apple Inc.). Las versiones vigentes de este estándar son la versión 2.3 (2004) y la versión 3.0 (2015).

La jerarquía de directorios en UNIX es dividida en subjerarquías de directorios que permiten organizar el sistema con diferentes funciones. Los directorios pueden clasificarse en los siguientes tipos:

- **Estáticos.** Son los ficheros que pueden ser leídos por cualquier usuario, pero solo modificados por el administrador del sistema (root). Algunos ejemplos de estos directorios son /bin, /sbin, /boot, /usr/bin.

- **Dinámicos.** Son los ficheros que pueden ser leídos y modificados por el usuario administrador y por los usuarios con permisos para dichas tareas (normalmente los dueños y los pertenecientes al grupo). Estos ficheros normalmente son configuraciones y documentos que son manipulados por los diferentes usuarios. Estos ficheros normalmente están alojados en los directorios /var/mail, /home, /var/run.

En la Tabla 1 se muestra la estructura jerárquica de directorios de este estándar.

Tabla 1.1. Estructura jerárquica de directorios

Directorio	Descripción
/	El directorio inicial en el que cuelgan todos los directorios. Es conocido como el directorio raíz o *root*.
/bin	Son las herramientas esenciales que incorpora el sistema operativo para todos los usuarios. Ejemplos de herramientas que se incluyen en este directorio son **ls, cp, rm mkdir** y **rmdir.**
/boot	Archivos encargados de arrancar el sistema. Este directorio suele alojarse en una partición separada para tener el arranque en caso de algún fallo en el sistema.
/dev	Es el directorio encargado de mapear los dispositivos del sistema. Es una visión muy cercana al *hardware* en el cual se pueden visualizar los dispositivos *hardware* que detecta el sistema operativo. Por ejemplo, los ficheros /dev/sda y /dev/sdb se refieren a dos dispositivos de almacenamiento (mecánico o SSD) que se encuentran conectados en el computador.
/etc	Es uno de los directorios más importantes del sistema, puesto que en él se almacenan los ficheros de configuración del sistema (incluyendo los servicios).
/etc/opt	Los ficheros de configuración de las aplicaciones que se encuentran almacenadas en el directorio /opt.
/etc/X11	Los ficheros de configuración del entorno gráfico X Window System versión 11.
/etc/sgml	Los ficheros de configuración de SGML.
/etc/xml	Los ficheros de configuración para XML.
/home	En este directorio se almacenan los ficheros personales de los usuarios y las configuraciones de personalización de las herramientas. Este directorio suele estar en una partición diferenciada para hacer migraciones de los sistemas operativos sin perjuicio para los datos. Los ficheros personales del usuario administrador (*root*) son almacenados en el directorio /*root*.
/home/usuario	Es el directorio donde se almacenan los ficheros personales del usuario llamado **usuario** (esto es una demostración, el nombre de usuario puede variar).
/lib	Directorio en el que se almacenan todas la bibliotecas (**library**) compartidas por las herramientas *software* que se almacenan en los directorios /bin y /sbin.
/media	Directorio en el que se alojan puntos de montaje de diferentes dispositivos (/dev) o de otras particiones de otro sistema operativo.

Directorio	Descripción
/mnt	Directorio en el que se alojan los puntos de montaje de sistemas de ficheros temporales. Es un directorio equivalente a /media, pero es utilizado temporalmente para montar sistemas de ficheros para usuarios.
/opt	Directorio en el que se almacenan los programas opcionales de las herramientas compartidas por los usuarios. Estas aplicaciones almacenan sus configuraciones generales en el directorio /etc/opt. No obstante, están pensadas para que cada usuario almacene su propia configuración y compartan la herramienta y no las configuraciones.
/proc	El directorio /proc contiene un sistema de ficheros virtual. Los ficheros que albergan no existen físicamente en el soporte de almacenamiento, sino que el núcleo los crea en memoria. Este directorio contiene información relacionada con el sistema, principalmente con los procesos.
/root	Directorio en el que se encuentran los ficheros correspondientes al usuario administrador (*root*). Es el directorio /home pero exclusivo para el administrador.
/sbin	Directorio en el que se almacenan los programas (comandos) exclusivos para el usuario administrador y que no deben utilizarse por los usuarios sin permisos. Por ejemplo, los comandos ifup, ifdown o init.
/srv	Directorio utilizado para almacenar la información de los diferentes servicios que estén instalados en el sistema operativo. Por ejemplo, el servicio web (/srv/www) o el servicio FTP (/srv/ftp).
/sys	Es la evolución del directorio /proc en las últimas revisiones del FHS. Este directorio se encuentra estructurado jerárquicamente con mejor estructura que el directorio /proc que es más anárquico. Por ejemplo, se encuentran los directorios /sys/block, /sys/dev, /sys/device, /sys/ firmware, /sys/fs, /sys/kernel.
/tmp	Es un directorio en el que se almacenan ficheros temporales del sistema. Por ejemplo, los generados en el navegador de Internet. En la actualidad esta partición es montada en memoria RAM en un sistema de ficheros especial denominado tmpfs.
/usr	Es la segunda subjerarquía (jerarquía secundaria) que almacena los datos de usuario. En esta estructura se alojan la mayoría de utilidades y aplicaciones multiusuario. En esta jerarquía se almacenan ficheros compartidos. Este espacio es solo de lectura para los usuarios.
/usr/bin	Directorio en el que se almacenan comandos no administrativos para usuarios. Son comandos de solo lectura en los que cada usuario tiene su propia configuración en su espacio de trabajo (/home).

Directorio	Descripción
/usr/include	En este directorio se almacenan los archivos de cabecera necesarias para algunas bibliotecas.
/usr/lib	Directorio que almacena las bibliotecas compartidas para los programas alojados en /usr/bin.
/usr/sbin	Almacena los binarios (programas) no esenciales para el sistema. Por ejemplo, pueden ser los demonios (servicios). Estos binarios no son manejados por los usuarios.
/usr/share	Directorio que almacena los datos compartidos por diferentes arquitecturas del sistema (32 bits, 64 bits, ARM, etc.). Por ejemplo, imágenes o sonidos.
/usr/src	Directorio que almacena el código fuente de algunas aplicaciones.
/usr/X11R6	Directorio relacionado con el entorno gráfico; en este caso sería el sistema X Window System, versión 11, *release* 6. Es posible que este sistema se vaya modificando con el paso del tiempo.
/usr/local	Este directorio es considerado una subjerarquía (jerarquía terciaria) para almacenar datos locales. Tiene subdirectorios con datos compartidos (solo de lectura).
/var	Ficheros variables tales como bases de datos, logs, correos temporales y ficheros temporales en general.
/var/cache	Este directorio aloja la memoria caché de las aplicaciones. En otras ocasiones se utiliza el directorio /tmp para esta función indistintamente.
/var/crash	Se almacena la información referente a los errores y caídas del sistema operativo.
/var/games	Se almacena la información de los juegos. Este directorio es totalmente prescindible, sobre todo en distribuciones orientadas a computadores servidores.
/var/lock	Almacena archivos de bloqueo (lock) los cuales realizan el seguimiento de los recursos compartidos que se utilizan en el momento.
/var/log	Directorio que contiene los archivos de registro (logs) del sistema y de los diferentes servicios. Por ejemplo, el *log* de las autenticaciones en el sistema se encuentra en /var/log/auth.log.
/var/mail	Directorio que almacena los mensajes recibidos por los usuarios.
/var/opt	Directorio en el cual se almacenan los datos variables del directorio /opt.

Directorio	Descripción
/var/run	Directorio que almacena la información reciente acerca del funcionamiento del sistema desde el último arranque. Ejemplos de la información que se almacena en este directorio son los usuarios logueados o los servicios que están en ejecución.
/var/spool	La cola (spool) de tareas que están a espera de ser procesados. Por ejemplo, las colas de impresión o los correos no leídos.
/var/tmp	Directorio que alberga los archivos temporales. La principal diferencia entre este directorio y /tmp es que este directorio no se limpia/borra entre sesiones o reinicios del sistema.

1.1.3. Migraciones y archivado de datos

Los conceptos de migración y archivado de datos son fundamentales para la correcta gestión de los mismos. Por lo tanto, en primer lugar se van a presentar ambos conceptos:

- **Migración de datos.** La migración de datos en el contexto de los sistemas de ficheros consiste en transformar un sistema de ficheros en otro sin la pérdida de datos, de modo que se pueda continuar trabajando con los datos en el nuevo sistema de datos. La migración de datos es un proceso que con el tiempo es necesario llevar a cabo en todos los sistemas de ficheros por las siguientes razones:

  — **Mayor rendimiento/seguridad.** Un nuevo sistema de ficheros o una nueva versión del sistema de ficheros actual puede proporcionar mecanismos con mayor rendimiento o seguridad que el vigente.

  — **Cambio de requisitos del usuario/*software*.** El sistema de ficheros proporciona a usuarios y aplicaciones *software* los datos que están almacenados en el soporte de almacenamiento. Los usuarios o *software* pueden requerir diferentes características del sistema de ficheros y es necesario cambiarlo por otro que disponga de esos requisitos.

  — **Aumento del volumen de datos.** El crecimiento de los ficheros y los almacenes de ficheros (particiones) no para de crecer, y los sistemas de ficheros antiguos pueden quedarse cortos para entornos actuales.

  — **Fusión de varios sistemas.** Cuando una empresa se encuentra con un volumen considerable de datos puede que cohabiten varios sistemas de ficheros que en algún momento deben fusionarse en uno solo. En ese momento es necesario realizar la migración de estos sistemas de ficheros hacia el que se debe estandarizar en la empresa.

- **Archivado de datos.** El archivado de datos consiste en almacenar varios ficheros en un solo fichero. El archivado de datos no tiene que llevar la compresión de datos, aunque ambas suelen ir unidas. El archivado de datos surge por la necesidad de almacenar grandes cantidades de datos (muchos ficheros), en los que al crear un solo fichero es más fácil de gestionar (mayor rendimiento en operaciones de transferencia de datos, y solamente es un fichero lo que se trata). Por otro lado, las técnicas de compresión pueden implicar pérdida de datos o volver los datos corruptos. Por esta razón, en principio se puede utilizar el archivado sin que conlleve la compresión.

1.1.3.1. Práctica de migración de datos

En esta sección se van a describir los pasos necesarios para llevar a cabo la migración entre varios sistemas de ficheros.

EXT2 o EXT3 a EXT4

Para migrar un sistema de ficheros de EXT2 a EXT4 se deben seguir los siguientes pasos:

1. Acceda al sistema donde está el sistema de ficheros con una distribución que sirve para arrancar de Linux.

2. Asumiendo que la partición principal donde se encuentra el sistema de ficheros se denomina /dev/sda1, se debe ejecutar el siguiente comando desde la consola de Linux en caso de estar en EXT2 o EXT3 el original respectivamente.

```
tune2fs -O extents,uninit_bg,dir_index,has_journal /dev/sda1
```

```
tune2fs -O extents,uninit_bg,dir_index /dev/sda1
```

El comando **tune2fs** permite modificar los parámetros de los sistemas de ficheros de las familias EXT. Por ejemplo:

- **tune2fs -l /dev/sda1.** Muestra información de la partición /dev/sda1.

- **tune2fs -i 0 /dev/sda1.** Desactiva la comprobación del sistema de ficheros (*fsck*).

- **tune2fs -j /dev/sda1.** Habilita *journaling* en la partición.

3. El siguiente paso consiste en comprobar si la migración de datos se ha realizado satisfactoriamente utilizando el siguiente comando:

```
e2fsck-pf/dev/sda1
```

El comando **e2fsck** comprueba el estado de los sistemas de ficheros de las familias EXT. En el caso anterior se está haciendo uso de dos opciones: **-p** (reparación automáticamente de todos los problemas que es seguro arre glar sin la interacción humana) y **-f** (forzar que se realice el chequeo si el sistema puede soportarlo). Otros ejemplos de uso de este comando pueden ser los siguientes:

- **e2fsck -pc /dev/sda1.** Chequea el estado del sistema de los ficheros / dev/ sda1 comprobando los sectores defectuosos (**-c**) y los repara automáticamente si se puede (**-p**).

- **e2fsck -n /dev/sda1.** Solamente realiza el chequeo sin realizar ninguna modificación sobre el sistema de ficheros.

4. El siguiente paso consiste en realizar el montaje de la partición para comprobar que los datos y la partición funcionan correctamente.

```
mount -t ext4 /dev/sda1 /mnt/compartido
```

Aquí el comando *mount* permite realizar el montaje de la partición /dev/sda1 en el directorio /mnt/compartido y con la opción **-t** se especifica el sistema de ficheros que se está montando, el cual es EXT4.

5. Este paso consiste en que cada vez que el sistema operativo arranque pueda realizar el montaje automático de la partición. Al haber realizado una migración de sistema de ficheros es necesario especificar en el fichero de configuración el nuevo sistema de fichero. El fichero que debe modificarse es /etc/fstab, en concreto la línea donde aparezca la partición migrada habrá que sustituir EXT2 o EXT3 por EXT4.

6. El último paso consiste en actualizar el cargado del sistema de ficheros, en este caso el GRUB.

```
update-grub
```

FAT a NTFS

La migración de datos del sistema de ficheros FAT16 o FAT32 a NTFS se realiza siguiendo los pasos proporcionados por la compañía Microsoft en su propia documentación online. Esta es la mejor referencia a seguir puesto que la compañía

Microsoft es la creadora y propietaria de ambos sistemas de ficheros. Para realizar la migración de datos entre estos formatos se recomienda hacer uso del comando *convert*. Los pasos que se deben realizar son los siguientes:

1. Cierre todos los programas que estén ejecutándose en la partición que se desea convertir.

2. Haga clic en el botón Inicio → *Todos los programas* → *Accesorios* → Botón secundario en *Símbolo del sistema* → *Ejecutar como Administrador*.

3. A continuación se ejecuta el comando **convert** donde **letra_unidad** es la letra de la unidad que se desea convertir.

> **convert letra_unidad: /fs:ntfs**

4. Escriba el nombre del volumen que desea convertir. Debe utilizar el nombre existente en el volumen o la conversión no se llevará a cabo.

5. En el caso de que la partición que se ha migrado es en la que se encuentra instalado el sistema operativo, se deberá reiniciar el equipo. En caso contrario, ya estará realizada la migración de datos.

EXT a BTRFS

La migración de datos entre particiones de la familia EXT y BTRFS se desarrolla siguiendo los pasos establecidos por la compañía Oracle Corporation debido a que es la compañía que con mayor fuerza ha apostado por el sistema de ficheros BTRFS.

1. El primer paso consiste en desmontar el sistema de ficheros que se va a migrar.

> **umount /dev/sda1**

2. Antes de realizar la migración, comprobar que el sistema de ficheros se encuentra correcto en términos de integridad utilizando el comando **fsck.ext2, fsck.ex3** o **fsck.ext4,** en función del sistema de ficheros original.

> **fsck.extn -f /dev/sda1**

3. Realizar la conversión con el comando **btrfs-convert.**

> **btrfs-convert /dev/sda1**

4. Modificar el fichero /etc/fstab para que se produzca el arranque automático del sistema de ficheros en el nuevo formato (modificando la palabra **EXT2/EXT3/EXT4** por **btrfs**).

5. Finalmente se vuelve a montar la partición utilizando el comando mount.

> **mount /dev/sda1 punto_montaje**

1.1.3.2. Práctica de archivado de datos

El archivado de datos utilizando entornos *NIX es realizado con el comando **tar** (*Tape Archiver*). Este comando permite almacenar ficheros y directorios completos en un único fichero. El origen de este comando, de ahí su nombre, es el de volcar los datos de un disco magnético a una cinta magnética y viceversa. No obstante, hoy en día es utilizada para empaquetar el contenido de directorios, los cuales posteriormente se comprimen para ocupar menos espacio en el almacén.

La sintaxis de este comando es muy parecida a la de la mayoría de los comandos en *NIX.

> **tar <opciones> archivo_crear <lista_archivos_a_empaquetar>**

Las principales opciones de este comando son las siguientes:

- **-c.** Crea un archivo empaquetado.
- **-x.** Extrae los archivos almacenados en uno empaquetado.
- **-t.** Lista los archivos almacenados en un archivo empaquetado.
- **-f.** Especifica el nombre del archivo creado.
- **-p.** Conserva los permisos de los ficheros.
- **-z.** Comprime utilizando el algoritmo **gzip.**
- **-j.** Comprime utilizando el algoritmo **bzip2.**

A continuación se describen algunos supuestos prácticos de aplicación de este comando:

1. Crear un archivo sin comprimir y posteriormente comprobar su contenido.

> **tar -cvf archivo.tar /var/log**
> **tar -tvf archivo.tar**

2. Crear varios archivos comprimidos utilizando **gzip** y **bzip2.**

> **tar -czvf archivo1.tar.gz /var/log**
> **tar -cjvf archivo2.tar.bz2 /var/log**

3. Extraer los archivos almacenados en diferentes archivos empaquetados: 1) sin comprimir; 2) comprimido utilizando **gzip;** 3) comprimido utilizando **bzip2.**

```
tar -xvf sincomprimir.tar
tar -xzvf comprimido1.tar.gz
tar -xjvf comprimido2.tar.bz2
```

4. Eliminar el archivo denominado directorio1/fichero.txt almacenado en un contenedor sin comprimir.

```
tar -v --delete directorio1/fichero.txt -f sincomprimir.tar
```

1.2. Volúmenes lógicos y físicos

Un punto fundamental para la correcta administración de los sistemas de almacenamiento son los volúmenes lógicos y físicos. El primer punto que se abordará es el del concepto de particionamiento, por el cual un volumen físico es dividido en diferentes partes lógicas que pueden ser utilizadas por distintos fines. Las particiones son almacenadas en las tablas de particiones, las cuales son gestionadas utilizando dos mecanismos diferentes: 1) MBR y 2) GPT.

El siguiente punto relevante para los sistemas de almacenamiento es conocer la diferencia que existe entre los sistemas NAS (Network Area Storage) y SAN (Storage Area Network), los cuales son los encargados de proporcionar la infraestructura física donde se almacenan los datos lógicos.

La sección continúa presentando cómo gestionar volúmenes lógicos (LVM) introduciendo los conceptos teóricos de los mismos y en el uso práctico de estos utilizando entornos *NIX. Además de la gestión de volúmenes lógicos, la gestión de volúmenes físicos utilizando sistemas RAID es presentada en esta sección, igualmente, primero desde un punto vista teórico para afrontar el montaje práctico de las diferentes configuraciones utilizando la herramienta mdadm de *NIX.

1.2.1. Concepto de particionamiento

El particionamiento es la división lógica de una unidad de almacenamiento en el cual se organizan los ficheros mediante uno de los sistemas de ficheros presentados en el capítulo. Es decir, el soporte de almacenamiento (disco mecánico, SSD, memoria *flash*) se divide en diferentes partes (lógicamente) a las cuales se les instala y configura un sistema de ficheros (puede utilizarse el mismo) para poder brindar al sistema mayor seguridad en caso de desastre o para poder hacer uso de las ventajas de cada uno de los sistemas de ficheros según los usuarios/*software* a los que se destina la partición. Algunas de las principales ventajas de utilizar particionamiento en un soporte de almacenamiento son las siguientes:

- Dos sistemas operativos diferentes no pueden estar instalados en la misma partición. Por lo tanto, se utilizan particiones diferenciadas para cada uno de estos sistemas operativos.

- Algunos sistemas operativos requieren o recomiendan el uso de varias particiones para un funcionamiento adecuado. Anteriormente ya se comentó que en los sistemas UNIX se requieren normalmente tres particiones, puesto que la paginación se realiza en una partición especial denominada área de intercambio y las otras dos son utilizadas para diferenciar los datos de los usuarios del propio sistema operativo.

- Se pueden utilizar particiones como copia de seguridad en caso de que otra partición se vuelva corrupta. Por ejemplo, utilizando el sistema operativo de Microsoft Windows se necesita reinstalar el sistema porque este ha dejado de funcionar correctamente, si se dispone de dos particiones diferenciadas (una para el sistema operativo y otra para los datos de los usuarios), solamente es necesario borrar los datos de la partición correspondiente al sistema operativo sin que haya una pérdida de datos de los usuarios.

1.2.2. Concepto de tablas de particiones y MBR

Es posible que un soporte de almacenamiento solamente tenga una partición, pero esta tendencia no es nada recomendable en entornos profesionales, puesto que tener el disco particionado permite redistribuir el espacio para diferentes fines. Además de separar el contenido de una a otra en caso de que se pierdan o se vuelvan corruptos los datos por causas ajenas. En entornos UNIX normalmente se establecen tres particiones (aunque las configuraciones avanzadas hacen muchas más particiones): la principal (donde estará el sistema operativo); el directorio /home donde están los ficheros personales de los usuarios de los datos, y el espacio de intercambio de memoria (paginación).

Por lo tanto, las tablas de particiones son las listas de particiones que existen en cada uno de los soportes. Existen muchos esquemas para gestionar las particiones que existen en un soporte de almacenamiento. No obstante, hoy en día los más populares son MBR (Master Boot Record) y GPT (GUID Partition Table).

Existen tres tipos de particiones, las cuales se van a describir a continuación y pueden ser vistas de modo gráfico en la Figura 1.5.

- **Partición primaria.** Las particiones primarias son las originales y solamente pueden existir cuatro particiones. Este número de particiones fue establecido por consenso y continúa siendo hoy en día un estándar. Es decir, un disco duro realmente solo se puede particionar en cuatro particiones diferentes. No obstante, existen soluciones para los sistemas que requieren más particiones con las particiones extendidas. La gran ventaja de establecer un sistema de ficheros sobre una partición primaria es que prácticamente todos los sistemas detectan este tipo de particiones, puesto que están ampliamente extendidas.

- **Partición extendida/secundaria.** Este tipo de partición surge para resolver el problema de estar limitado a tener cuatro particiones primarias en un solo soporte de almacenamiento. Solamente puede existir una partición extendida en un soporte de almacenamiento, pero es utilizada como contenedora de particiones lógicas. Es decir, en este tipo de particiones no se instalará un sistema de ficheros, sino que se almacenarán particiones lógicas a las cuales se les instalarán los sistemas de ficheros y simularán ser particiones primarias.

- **Partición lógica.** Este tipo de partición es alojada en una partición extendida, puede ser la única partición (no es lo normal) o compartir el espacio con otras particiones lógicas. En la actualidad existen limitaciones en el número total de particiones lógicas que se pueden almacenar en una partición extendida (32 en la mayoría de soportes de almacenamiento). No obstante, hay casos particulares en los que el número de particiones lógicas que se pueden almacenar es inferior.

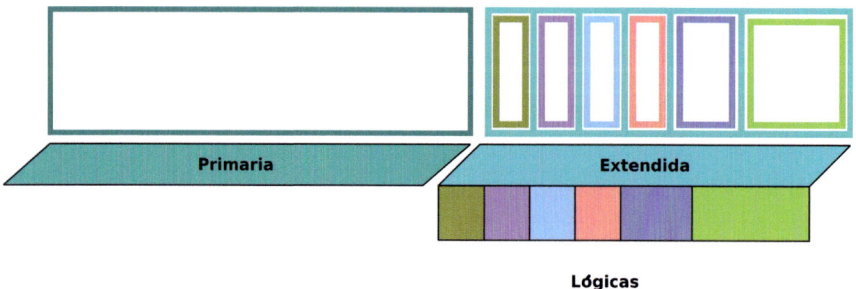

Figura 1.5. Disco particionado en el que se muestran las particiones primarias, extendidas y lógicas.

A continuación se va a describir en mayor profundidad el funcionamiento de los esquemas de particionamiento MBR y GPT sobre los que se implementan las listas de particiones.

1.2.2.1. MBR (Master Boot Record)

El MBR (Master Boot Record) o registro de arranque principal es el esquema de particionamiento que ha sido más utilizado, puesto que hasta la aparición de GPT era un estándar de facto en la industria. El MBR se aloja en el primer sector de los soportes de almacenamiento, también conocido como sector cero y tiene un tamaño de 512 *bytes*.

En la Tabla 1.2 se muestra la distribución de los 512 *bytes* del MBR. Los 446 primeros *bytes* corresponden al código máquina que gestiona el arranque de la partición, los siguientes 64 *bytes* corresponden a la tabla de particiones, es decir, a las cuatro particiones primarias, correspondiendo a 16 *bytes* por cada una de las particiones. Finalmente los dos últimos *bytes* corresponden a la firma de unidad arrancable (especifica si este soporte es arrancable).

Tabla 1.2. Contenido de los 512 *bytes* del MBR

446 *bytes*	Gestor de arranque
64 *bytes*	tabla de particiones
2 *bytes*	firma de unidad arrancable

Observe que el MBR no contiene información sobre las particiones lógicas, las cuales se almacenarán como registros de información en la partición extendida. Esto es similar a crear un MBR virtual/lógico dentro de la partición extendida pero sin la limitación de las cuatro particiones.

MBR utiliza un modelo de acceso denominado CHS (Cilindro-Cabezal-Sector, *Cylinder-Head-Sector*) para acceder a las posiciones de las particiones. Este modelo es útil solamente en discos duros de poca capacidad (hasta 8 *gigabytes*) y su funcionamiento es bastante simple. En CHS se asigna una dirección a cada bloque físico del soporte de almacenamiento mediante las definiciones de su cilindro, cabezal y sector. Además de este modelo, desde 1996 utiliza también el modelo LBA para direccionar las posiciones de los bloques. El modelo de acceso LBA es muy sencillo, puesto que numera desde 0 hasta la última posición cada uno de los bloques del soporte de almacenamiento.

En la Tabla 1.3 se muestra la información almacenada para cada una de las particiones en el MBR. Observe que la información almacenada corresponde al estado de la partición, información de los sectores inicial y final utilizando el modelo CHS, el tipo de partición que es, el primer sector del modelo de acceso LBA y finalmente el número total de sectores (es la manera de saber el tamaño total utilizando el modelo LBA).

Tabla 1.3. Contenido de información almacenada en el MBR para cada una de las particiones

Estado de la partición
CHs del primer sector de la partición
Tipo de partición
CHs del último sector de la partición
IBA del primer sector de la partición
Número de sectores de la partición

Finalmente, otra característica negativa de utilizar MBR es que las particiones tienen una limitación de 2,2 TB. Por lo tanto, la capacidad máxima será de 8,8 TB (contabilizando las cuatro particiones). Mientras que el esquema GPT permite alcanzar hasta los 9,4 ZB.

1.2.2.2. GPT (GUID Partition Table)

El esquema de particionamiento GPT (GUID Partition Table) es un estándar surgido para sustituir a MBR. GPT forma parte del estándar EFI (Extensible Firmware Interface) que trata de reemplazar la BIOS y por consiguiente el MBR.

GPT no dispone de un código de arranque como sucede en el MBR, sino que este código es realizado a través de las BIOS EFI. No obstante, por compatibilidad con entornos antiguos dentro de GPT se encuentra una implementación de MBR donde se encuentran las rutinas de arranque en caso de que no pueda hacerse funcionar GPT con EFI. El direccionamiento de serie de GPT es LBA, en ningún momento se hace uso de CHS. Los 34 primeros sectores están reservados para GPT de modo que en el sector correspondiente a LBA 0 se encuentra la versión de MBR para hacer funcionar el sistema en caso de querer compatibilidad, en LBA 1 se encuentra la cabecera GPT, finalmente se encuentran 32 sectores reservados a tablas de particiones. El comienzo de los datos por tanto será en el LBA 34. Además, en GPT existe una copia exactamente igual al final del disco para tener una copia de seguridad por si existiera algún problema con los datos de las particiones de la zona del comienzo. En la Figura 1.6 se muestran las partes de las que se compone GPT.

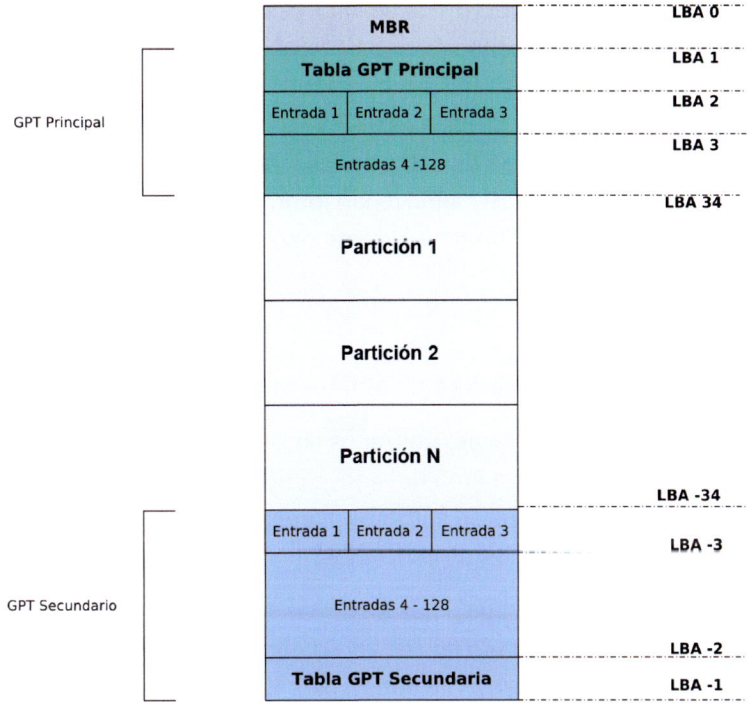

Figura 1.6. El diagrama ilustra la colocación del esquema de tabla de particiones GUID.

A continuación describimos en mayor medida cada uno de los niveles LBA más representativos:

- **LBA 0.** Este primer sector contiene una versión de MBR para evitar conflicto con herramientas antiguas que utilizan el MBR como esquema de organización. De este modo, si existen herramientas que no están diseñadas para ser utilizadas con GPT, se evita que estas puedan dañar el contenido del disco.

- **LBA 1.** Este segundo sector contiene la cabecera de la tabla de particiones, la cual define los bloques que pueden ser utilizados por el usuario y los que están reservados para la gestión de las particiones. En este sector también se almacena información relativa al número y tamaño de las particiones que existe en el disco, también la localización de la tabla GPT secundaria.

- **LBA 2-LBA 33.** En estos sectores se almacena información sobre las particiones que están almacenadas en el GPT. Los primeros 16 *bytes* están destinados a definir el tipo de partición, la cual se define utilizando el concepto de GUID (Globally Unique Identifier, Identificador Global Único). El GUID de una partición es una secuencia única de valores que permite establecer el tipo de partición, de modo que todas las particiones del mismo tipo tienen el mismo GUID asignado (estas GUID están establecidas de antemano). Por ejemplo, el GUID {EBD0A0A2-B9E5-4433-87C0-68B6B72699} es utilizada para definir particiones del tipo de datos en los sistemas Linux. Además de esta información, estos sectores almacenan información sobre el nombre de las particiones, algunos atributos y el comienzo y final de cada partición utilizando el sistema LBA.

1.2.3. Descripción de sistemas de almacenamiento NAS y SAN

Dos sistemas de almacenamiento utilizados en las empresas son NAS (Network Area Storage) y SAN (Storage Area Network). Estos sistemas son muy diferentes y, por tanto, son utilizados en entornos diferenciados. A continuación se procede a explicar cada uno de estos conceptos:

- **NAS (Network Area Storage).** Los sistemas NAS consisten en disponer de almacenamiento conectado en red con el objetivo de compartir el almacenamiento con otros equipos (clientes). Este tipo de sistemas utilizan redes convencionales como son TCP/IP y un sistema operativo con los protocolos CIFS, NFS, FTP, etc. Un punto importante es que los protocolos anteriormente citados en los entornos NAS trabajan a nivel de fichero completo (y no por sectores o bloques). El procedimiento consiste en que el equipo cliente solicita el fichero al servidor NAS, el cual se lo proporciona a través de la red y es el cliente el que maneja los ficheros localmente. Los sistemas NAS normalmente cuentan con varios soportes de almacenamiento (varios discos) configurados utilizando RAID (Redundant Array of Independent Disk) para ganar rendimiento y/o seguridad en los datos.

- **SAN (Storage Area Network).** Este sistema consiste en una arquitectura que agrupa varios elementos: 1) Red de área de alta velocidad (fibre channel o iSCSI); 2) Elementos de interconexión; 3) Elementos de almacenamiento de red (discos duros). Por lo tanto, una SAN es una red dedicada al almacenamiento. En este modelo no se trabaja a nivel de fichero, sino que se solicitan bloques o sectores de ficheros concretos. El rendimiento de los entornos SAN depende en gran medida de la red que se esté utilizando, puesto que es el cuello de botella de las transacciones entre los diferentes sistemas de almacenamiento de un SAN. Por otro lado, no se debe pensar que el compartir datos entre los sistemas de almacenamiento de un SAN merma el rendimiento de las conexiones con los usuarios, puesto que actúan en redes diferentes. Las redes fibre channel son muy caras en comparación con otro tipo de redes, pero a la vez son muy rápidas y por ello son utilizadas solamente para la comunicación entre los equipos del SAN. Por ejemplo, son necesarias tarjetas de canal y conmutadores especiales que encarecen las instalaciones. Por otro lado, iSCSI es una tecnología que permite enviar comandos SCSI sobre una red TCP/IP, lo cual permite ahorrar costes en las instalaciones perjudicando el rendimiento final de la instalación.

1.2.3.1. Comparación y aplicaciones de los sistemas NAS y SAN

Los puntos que hay que tener en cuenta cuando se decide por implantar un sistema NAS y SAN en una empresa son los siguientes:

- El rendimiento de los sistemas SAN depende directamente del tipo de red que se esté utilizando en la configuración del sistema.

- Los SAN pueden ampliar su capacidad de manera ilimitada, puesto que se pueden incorporar más máquinas a la red. Por lo tanto, su capacidad puede llegar a ser de hasta miles de *terabytes.*

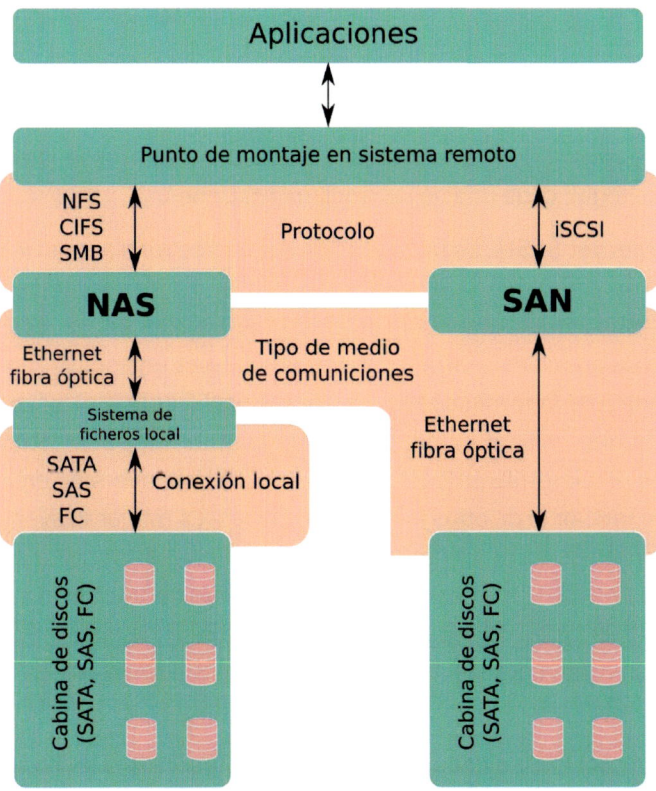

Figura 1.7. Comparativa entre NAS y SAN.

- Los sistemas NAS no pueden ampliar la capacidad tan fácilmente como los sistemas SAN, puesto que los sistemas NAS están limitados por la cantidad de discos que se pueden configurar en el dispositivo. En la actualidad la mayoría de NAS están compuestos por entre dos y ocho discos.

- Los sistemas NAS permiten construir infraestructuras complejas con un bajo coste; por ejemplo, se pueden dedicar equipos a balanceos de carga, servidores web o repositorios de datos.

- Los sistemas SAN tienen un coste muy superior frente a los sistemas NAS debido a que los SAN son una arquitectura completa que comienza desde la red, y con los sistemas NAS solamente es necesario disponer de los soportes de almacenamiento y un sistema informático que los gestione.

- Los sistemas SAN acceden a los datos a nivel de bloque/clúster mientras que los sistemas NAS acceden a los datos a nivel de fichero. Es decir, en los sistemas NAS se solicita un fichero completo a través de algún protocolo de comunicación (SMB, NFS, FTP, etc.) y es descargado a la máquina cliente donde será tratado. Por otro lado, en un sistema SAN se solicita el bloque (por ejemplo, el 3400) de un disco concreto (por ejemplo, disco 3).

1.2.3.2. Comparación de los sistemas SAN: iSCSI, FC y FCoE

En primer lugar para realizar la comparación entre diferentes sistemas SAN es necesario describir cada una de las implementaciones:

- **ISCSI (internet SCSI).** Es un protocolo de la capa de transporte que permite el uso del protocolo SCSI sobre redes TCP/IP. La implantación de iSCSI ha sido aceptada en las empresas gracias a las mejoras en las redes de comunicación de área local (Gigabit Ethernet). iSCSI es una solución más económica dentro de la familia de los sistemas SAN frente a otras como son FC (Fibre Channel) o FCoE (Fibre Channel over Ethernet). El protocolo iSCSI requiere de una interfaz Ethernet, lo que implica una inversión en infraestructura muy inferior al de otras implementaciones. La mayor desventaja de esta implementación es la argumentación de que este protocolo debe tener un peor rendimiento que otras soluciones (canal de fibra) debido a la sobrecarga de las cabeceras de paquetes en la capa TCP/IP. No obstante, dicha argumentación no es cierta en las pruebas que se han realizado en redes de un gigabit (1 Gbit).

- **Fibre Channel (FC) o canal de fibra.** Es una tecnología de red nacida para utilizarse en la supercomputación, pero se acabó convirtiendo en el estándar de conexión para redes de almacenamiento. Su nombre puede conducir a errores, puesto que puede funcionar tanto sobre pares de cobre como cables de fibra óptica. El canal de fibra está estandarizado por el Comité Internacional para Estándares de Tecnologías de la Información (INITS), el cual está acreditado por el popular instituto Nacional Estadounidense de Estándares (ANSI). Esta tecnología puede alcanzar velocidades de ancho de banda de hasta 16 Gbit.

Cada uno de los enlaces del canal de fibra está formado por dos fibras unidireccionales que transmiten datos en ambas direcciones. Existen tres topologías diferentes para esta implementación que son descritas a continuación (véase la Figura 1.8):

— **Punto a punto (FC-P2P).** La topología punto a punto permite que dos dispositivos se conecten uno al otro sin intermediario. Esta es la topología más simple y en la que solamente se permite conectar dos elementos.

— **Anillo (FC-AL).** La topología de anillo establece que todos los dispositivos están unidos en forma de anilla (circular). Al realizar tareas de mantenimiento, como son añadir o eliminar un elemento, provoca que se deba detener la actividad, del mismo modo, si se produce un error en algún dispositivo, todos tendrán que detener su ejecución. No obstante, existen soluciones en configuraciones que permiten saltarse el dispositivo que produce el fallo.

— **Conmutada (FC-SW).** La topología conmutada establece que todos los dispositivos se conectan a conmutadores (switches). Los conmutadores son los encargados de controlar el estado del soporte físico; los conmutadores son los encargados de especificar las interconexiones más óptimas.

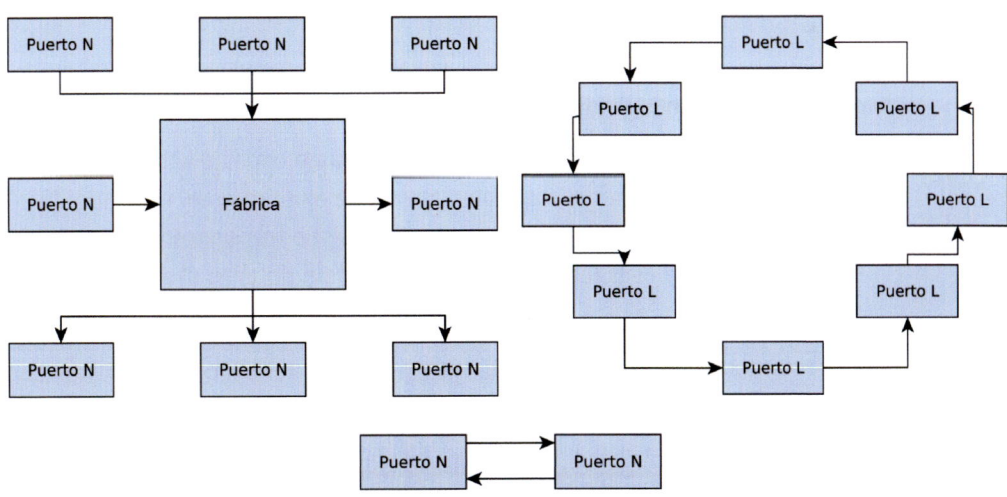

Figura 1.8. Topologías del canal de fibra (FC).

- **Canal de fibra sobre ethernet (FCoE).** El canal de fibra sobre Ethernet trata de rebajar los costes de FC permitiendo su implementación en redes LAN como es Ethernet. FCoE fue estandarizado en 2009 por INITS para permitir utilizar FC en redes Ethernet de hasta 10 gigabit. FCoE introduce algunos elementos para ser operativo:

  — Conmutadores (*switches*) que permiten manejar Ethernet y Fibre Channel indistintamente.

  — CNA (converged network adapter) son las tarjetas que tratan tanto Ethernet como FCoE.

1.2.4. Gestión de volúmenes lógicos. El sistema de gestión de volúmenes LVM

Los sistemas operativos contemporáneos (Microsoft Windows Server y distribuciones Linux) incorporan mecanismos para crear, gestionar y administrar volúmenes lógicos dinámicos mediante LVM (Logical Volume Manager). La gestión de volúmenes lógicos permite tener una visión de más alto nivel de los sistemas de almacenamiento de un equipo, en la que se extienden la tradicional vista de discos y particiones. La gestión de volúmenes utilizando LVM permite redimensionar y mover volúmenes establecidos por el usuario. Del mismo modo, se pueden configurar volúmenes dinámicamente con nombres correspondientes a un sentido «ventas» o «documentación».

La utilización de LVM está tan estandarizada hoy en día que la mayoría de distribuciones Linux ofrece la posibilidad de instalar el sistema en un volumen lógico. Algunas de las principales ventajas de utilizar LVM frente al particionado clásico:

1. Crear volúmenes del tamaño deseado (ajustado a las necesidades) utilizando discos o particiones de diferentes tamaños.

2. Redimensionar el tamaño de los volúmenes utilizando espacio sobrante o incorporando un nuevo disco sin que los datos que existen en el volumen se vean afectados. Además, todas estas operaciones son transparentes para el usuario final y pueden ser realizadas en caliente (sin detener el servicio).

3. Se puede combinar con la utilización de sistemas RAID (aunque LVM no incorpora directamente la creación de RAID, sí permite utilizarse conjuntamente).

4. Se pueden asignar nombres amigables e identificables para los dispositivos en lugar de utilizar /dev/sda1. Por ejemplo, «ventas» o «documentación».

Por otro lado, los inconvenientes de utilizar LVM frente al particionado clásico se pueden resumir en los siguientes:

1. Mayor **complejidad en la gestión** de particiones que con el particionado tradicional.

2. **Fragmentación de datos.** Los volúmenes lógicos se componen de diferentes particiones que pueden encontrarse en diferentes discos. Esto provoca que los datos se encuentren más fragmentados y por consiguiente el rendimiento es inferior.

En resumen, LVM es una capa de abstracción superior a la tradicional de discos y particiones que permite tener mayor flexibilidad en la creación/modificación de particiones lógicas.

Los elementos que constituyen un sistema LVM son los siguientes:

- **PV (*physical volumes*).** Los volúmenes físicos corresponden a los discos, particiones o sistemas RAID que son preparados o establecidos como recursos para constituir grupos de volúmenes lógicos. Estos se establecen haciendo uso de la herramienta **pvcreate.** Otro punto importante es conocer qué recursos *hardware* (discos, particiones, RAID) son aptos para formar parte de un LVM (transformarlos en un PV) se utiliza el comando **lvmscandisk.**

- **VG (*volume groups*).** Los PV son agrupados antes de formar parte de volúmenes lógicos. Estos grupos son conocidos como un grupo de volumen (VG). El resultado de unir varios PV es proporcionar el tamaño total disponible para formar volúmenes lógicos. El comando que permite la creación de un VG es vgcreate.

- **LV (*logical volumes*).** Los volúmenes lógicos son las unidades o dispositivos que el usuario final puede manipular, creando particiones y montándolas.

  Un LV es un dispositivo virtual para el usuario. Los LV son creados utilizando el espacio disponible en el VG y se realiza utilizando el comando lvcreate.

En la Figura 1.9 se muestra el proceso para crear volúmenes lógicos desde los dispositivos físicos de almacenamiento.

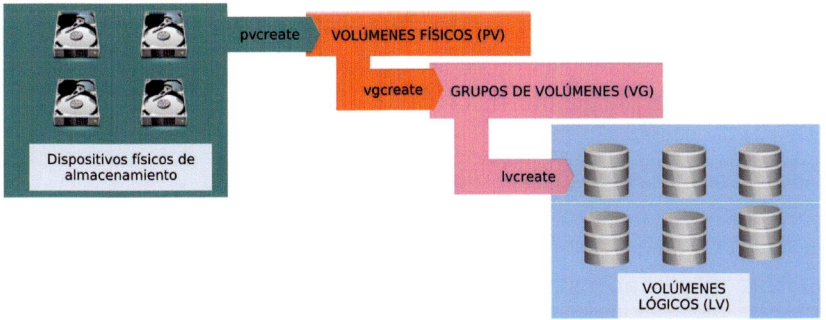

Figura 1.9. Proceso de creación de volúmenes lógicos desde los dispositivos físicos de almacenamiento.

En resumen, con LVM se puede obtener la flexibilidad que se muestra en el esquema de particionado de la Figura 1.10. En este supuesto práctico se dispone de varios discos diferentes en los cuales existen varias particiones en algunos casos y en otros están los discos completos sin particionar. Todos los discos son creados como unidades físicas utilizando el comando **pvcreate**. Posteriormente se han creado tres grupos de volúmenes (VG) utilizando el comando **vgcreate**. Observe que se han mezclado particiones de diferentes discos en los volúmenes de grupos. Finalmente se crean los volúmenes lógicos (LV) utilizando el comando **lvcreate**. Estos volúmenes son los que el usuario final verá como dispositivos, pero con un nombre amigable.

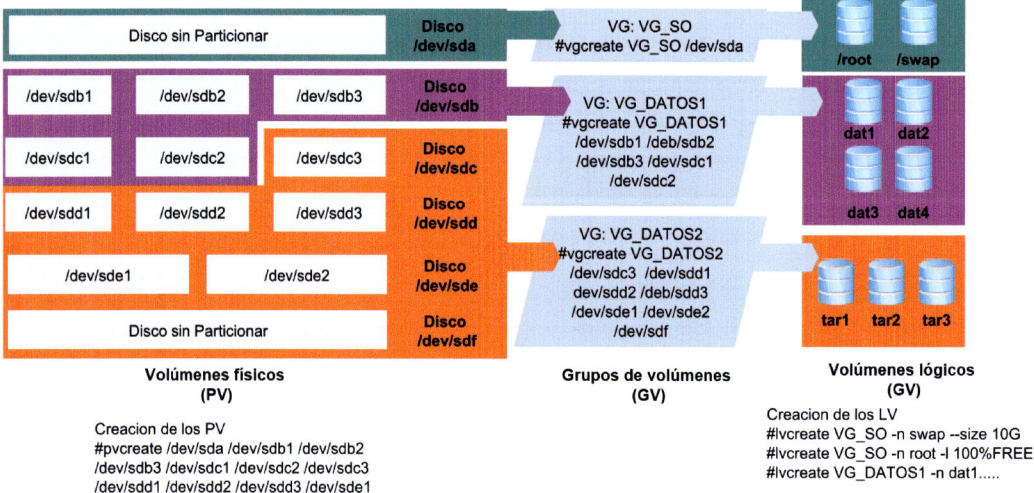

Figura 1.10. Ejemplo de aplicación de LVM.

1.2.4.1. Guía básica de uso de LVM

En esta sección se va a describir el uso básico de gestión de LVM utilizando un sistema GNU/Linux basado en Debian. Para ello, el primer paso consiste en instalar el *software* asociado a LVM versión 2 que incorpora la mayoría de comandos necesarios para la gestión de LVM.

> [root@mv1]# *apt-get install lvm2*

Si se desea conocer los diferentes comandos y una descripción rápida de los comandos que se han instalado con LVM, solamente es necesario teclear el comando lvm con la opción help.

[root@mv1]#	lvm help
dumpconfig	Dump active configuration
formats	List available metadata formats
help	Display help for commands
lvchange	Change the attributes of logical volume(s)
lvconvert	Change logical volume layout
lvcreate	Create a logical volume
lvdisplay	Display information about a logical volume

Tras observar la gran lista de comandos existentes, a continuación se detallan los que se consideran más importantes para la gestión LVM:

Comando	Ejemplo/Descripción
lvmdiskscan	**[root@mv1]# lvmdiskscan**
	Lista todos los dispositivos físicos que pueden ser usados en LVM. El primer paso consiste en convertir los dispositivos físicos en volúmenes físicos (PV).
pvcreate	**[root@mv1]# pvcreate /dev/sda /dev/sdb1 /dev/md/mv1:raid5**
	Prepara un disco, partición o volumen RAID para ser gestionado mediante LVM convirtiéndolos en un nuevo PV. En el ejemplo se ha convertido el disco completo /dev/sda, la partición /dev/sdb1 y el RAID /dev/md/mv1:raid5.
pvscan **pvs** **pvdisplay**	**[root@mv1]# pvscan | pvs | pvdisplay**
	Cualquiera de los anteriores comandos lista información de los volúmenes físicos disponibles en el sistema. A partir de estos PV se crearán los grupos de volumen (VG).
pvremove	**[root@mv1]# pvremove /dev/sda**
	Elimina la creación de un volumen físico (PV) del sistema.
vgcreate	**[root@mv1]# vgcreate nombre_grupo /dev/sda/dev/md/mv1:raid1**
	Crea un grupo de volumen (VG) compuesto por uno o varios volúmenes físicos (PV). El tamaño disponible del VG es la suma de los espacios de los PV.
vgextend	**[root@mv1]# vgextend nombre_grupo /dev/sdb /dev/sdc2**
	Extiende el número de volúmenes físicos (PV) que componen el VG.

Comando	Ejemplo/Descripción
vgscan **vgs** **vgdisplay**	[root@mv1]#vgscan|vgs|vgdisplay
	Cualquiera de los anteriores comandos lista información de los grupos de volúmenes disponibles en el sistema. A partir de estos VG se crearán los volúmenes lógicos (LV).
vgreduce	[root@mv1]# vgreduce nombre_grupo /dev/sdc
	Elimina un PV de un VG.
vgremove	[root@mv1]# vgremove nombre_grupo
	Elimina un grupo de volumen.
lvcreate	[root@mv1]# lvcreate nombre_grupo -n nombre_volumen --size tamaño [root@mv1]# lvcreate grupo1 -n ventas --size 10G [root@mv1]# lvcreate grupo1 -n ventas --extents 25%VG [root@mv1]# lvcreate grupo1 -n ventas -l 50%VG [root@mv1]# lvcreate grupo1 -n ventas --extents 25%free [root@mv1]# lvcreate grupo1 -n ventas -l 70%free
	Crea un nuevo volumen lógico (LV) en el grupo de volúmenes indicado del tamaño especificado (**--size**), porcentaje del tamaño total del grupo de volúmenes o porcentaje respecto a la cantidad de espacio libre que queda en el grupo de volumen (**--extends** o **-l**). Además, se establece el nombre del volumen lógico utilizando la opción **-n.**
lvscan **lvs** **lvdisplay**	[root@mv1]# lvscan | lvs | lvdisplay
	Cualquiera de los anteriores comandos lista información de los volúmenes lógicos disponibles en el sistema.
lvextend	[root@mv1]# lvextend /dev/nombre_grupo/nombre_volumen --size tamaño [root@mv1]# lvextend /dev/nombre_grupo/nombre_volumen --size 20G [root@mv1]# lvextend /dev/nombre_grupo/nombre_volumen --extents 8%free
	Extiende el tamaño de un volumen lógico sin necesidad de realizar un desmontaje previo. Antes de extender el volumen lógico es necesario comprobar que el grupo de volúmenes dispone de espacio suficiente para asignarlo al nuevo volumen lógico. Después de redimensionar el volumen lógico es necesario reformatear utilizando el comando **resize2fs.** [root@mv1]# lvextend /dev/nombre_grupo/nombre_volumen --size 20G [root@mv1]# reize2fs /dev/nombre/grupo/nombre_volumen
lvreduce	[root@mv1]# lvreduce /dev/nombre_grupo/nombre_volumen --size tamaño
	Reduce el volumen lógico. Es recomendable desmontar el volumen lógico utilizando el comando umount y chequear el sistema de ficheros utilizando el comando e2fsck. Finalmente se debe ajustar el nuevo tamaño del volumen utilizando el comando resize2fs. [root@mv1]# umount /dev/nombre_grupo/nombre_volumen [root@mv1]#e2fsck-f/dev/nombre_grupo/nombre_volumen [root@mv1]#resize2fs/dev/nombre_grupo/nombre_volumen nuevo_tamaño

Comando	Ejemplo/Descripción
lvremove	[root@mv1]# lvremove -f /dev/nombre_grupo/nombre_volumen
	Elimina un volumen lógico.

Una vez presentados los comandos fundamentales para la gestión de LVM se van a resolver algunas prácticas de utilización de los mismos.

Práctica 1 Gestión básica de volúmenes lógicos LVM

Aparte del disco duro con el sistema operativo (/dev/sda) se agregan tres discos de 50 GB (/dev/sdb, /dev/sdc, /dev/sdd) a una máquina (*mv1*), se deben describir los comandos que se ejecutarían para la gestión de discos LVM según la siguiente tabla. Debe tener en cuenta que se deben crear PV, VG y LV dándoles formato en el sistema de ficheros **ext4**. Finalmente se deberán montar automáticamente los volúmenes lógicos como si fueran unidades de disco normales utilizando el fichero **/etc/fstab.**

VG	Discos-PV	IV	Punto de montaje
grupo1	/dev/sdb /dev/sdc /dev/sdd	documentos (100 GB)	/mnt/documentos
		imagenes (20 GB)	/mnt/imagenes
		vídeos (restante)	/mnt/videos

1. El primer paso consiste en convertir los tres discos en volúmenes físicos (PV) mediante el comando pvcreate. Antes de poder agregar los discos es necesario comprobar que dichos discos pueden ser agregados haciendo uso del comando **lvmdiskscan.**

```
[root@mv1]# lvmdiskscan
[root@mv1]#pvcreate/dev/sdb/dev/sdc/dev/sdd
[root@mv1]#pvs
```

2. Se crea un grupo de volúmenes (VG) con el tamaño de los tres PV (150 GB).

```
[root@mv1]#vgcreate grupo1/dev/sdb/dev/sdc/dev/sdd
[root@mv1]#vgs
```

3. Se crean los volúmenes lógicos haciendo uso del grupo de volumen grupo1.

```
[root@mv1]# lvcreate grupo1 -n documentos --size 100G
[root@mv1]# lvcreate grupo1 -n imagenes --size 20G
[root@mv1]# lvcreate grupo1 -n videos -l 100%free
```

4. Se da formato a cada uno de los volúmenes lógicos y se crean los directorios donde se montarán automáticamente al arrancar el sistema.

```
[root@mv1]# mkfs.ext4 /dev/grupo1/documentos
[root@mv1]# mkfs.ext4 /dev/grupo1/imagenes
[root@mv1]# mkfs.ext4 /dev/grupo1/videos
[root@mv1]# mkdir /mnt/documentos /mnt/imagenes /mnt/videos
```

5. Se edita el fichero /etc/fstab agregando los puntos de montaje de los LV.

```
[root@mv1]# vi /etc/fstab
...
# Se agregan las siguientes líneas:
/dev/grupo1/documentos /mnt/documentos ext4 defaults 0 0
/dev/grupo1/imagenes /mnt/imagenes ext4 defaults 0 0
/dev/grupo1/videos /mnt/videos ext4 defaults 0 0
```

6. Finalmente se montan todas las unidades descritas en el fichero /etc/fstab.

```
[root@mv1]# mount -a
```

7. Para comprobar que se dispone de las nuevas unidades lógicas y su tamaño se hace uso del comando **df.**

```
[root@mv1]# df -h
```

Práctica 2. Gestión básica de volúmenes lógicos LVM

En la práctica anterior se han creado volúmenes lógicos haciendo uso de un grupo de volumen y varios discos creados en volúmenes físicos. En esta práctica se van a ilustrar los comandos necesarios para reducir y extender el tamaño de los volúmenes lógicos. Se llevarán a cabo las siguientes operaciones:

1. Se agrega un nuevo disco de 50 GB (/dev/sde) al sistema, el cual será sumado al grupo de volúmenes llamado grupo1.

2. Modificar el tamaño del volumen lógico documentos en 40 GB y comprobar que el espacio de este volumen será de 140 GB (40 GB + 100 GB).

3. Reducir el tamaño del volumen lógico imágenes en 5 GB y comprobar que el espacio del volumen será 15 GB (20 GB – 5 GB).

4. Volver a aumentar el tamaño del volumen lógico de documentos en 10 GB.

Para realizar estas operaciones se deben llevar a cabo los siguientes comandos:

1. Una vez instalado el nuevo disco (/dev/sde), se debe convertir en un volumen físico (**pvcreate**) y posteriormente extender el grupo de volúmenes grupo1 con el nuevo disco (/dev/sde).

```
[root@mv1]#lvmdiskscan
[root@mv1]#pvcreate /dev/sde
[root@mv1]#pvs
[root@mv1]#vgextend grupo1 /dev/sde
[root@mv1]#vgs
```

2. El siguiente paso consiste en extender el volumen lógico utilizando el comando **lvextend**. Posteriormente se debe extender el sistema de ficheros utilizando el comando **resize2fs**.

```
[root@mv1]# lvextend /dev/grupo1/documentos --size +40G
[root@mv1]#lvs
[root@mv1]#vgs
[root@mv1]# df -h
[root@mv1]#resize2fs /dev/grupo1/documentos
[root@mv1]#df –h
```

3. A continuación, se procede a reducir el tamaño del volumen lógico imágenes en 5 GB. El tamaño que se libera se suma al grupo de volúmenes (grupo1) para ser asignado a cualquier otro volumen lógico.

```
[root@mv1]# umount /dev/grupo1/imagenes
[root@mv1]#e2fsck-f/dev/grupo1/imagenes
[root@mv1]# resize2fs /dev/grupo1/imagenes 15G
[root@mv1]#lvreduce/dev/grupo1/imagenes--size 15G
[root@mv1]#lvs
[root@mv1]# vgs
```

4. Por último, se vuelve a extender el tamaño del volumen lógico documentos.

```
[root@mv1]# lvextend /dev/grupo1/documentos --size +10G
[root@mv1]#lvs
[root@mv1]#vgs
[root@mv1]# df -h
[root@mv1]# resize2fs /dev/grupo1/documentos
[root@mv1]# df –h
```

1.2.5. Acceso paralelo

Se aplica a los volúmenes del sistema de almacenamiento y su principal característica es la utilización de múltiples UCB (Unit Control Block) por volumen y
gracias a esto se consigue:

• Se permiten entradas/salidas concurrentes al mismo sistema.

• Las lecturas son simultáneas.

• Las escrituras a diferentes dominios son simultáneas.

• Las escrituras al mismo dominio son serializadas.

Como beneficio de esto se consigue una alta actividad de entrada/salida en el
volumen reduciéndose los tiempos de espera en la cola del sistema de entrada/
salida del volumen.

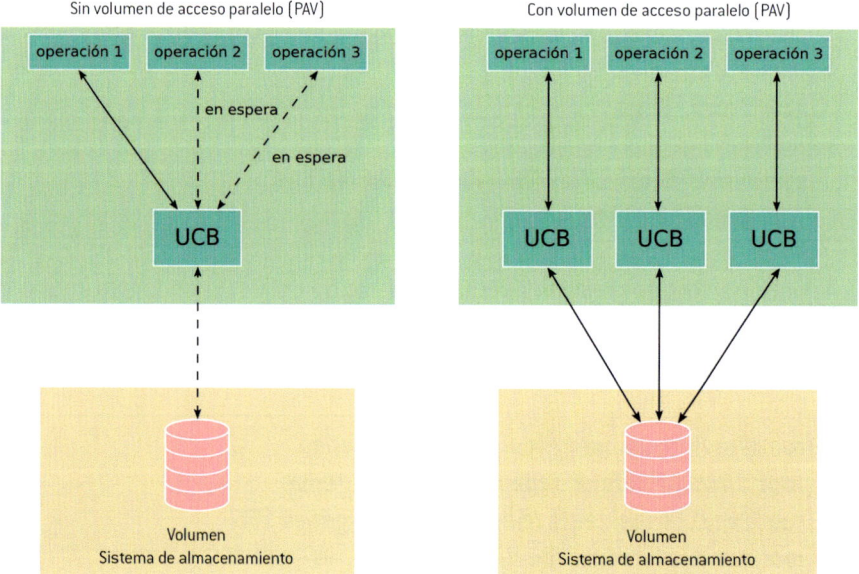

Figura 1.11. Acceso paralelo.

Como se puede observar en la Figura 1.11 se permite que haya varias operaciones de E/S simultáneas en un dispositivo cuando las solicitudes de E/S se originan en el mismo sistema. Los volúmenes de acceso paralelo (PAV) realizan el almacenamiento de varias particiones en el mismo volumen con la menor pérdida de rendimiento posible. En subsistemas de disco más antiguos, si se coloca más de una partición en el mismo volumen (intencionadamente o no), los intentos por leer las particiones dan lugar a una contienda. Esta contienda se traduce en tiempo de cola del subsistema de E/S. Sin PAV, una mala colocación de un solo conjunto de datos puede casi doblar el tiempo transcurrido de una consulta en paralelo.

1.2.6. Protección RAID. Comparación de los diferentes niveles de protección RAID. Mención de la opción de controladoras RAID *software* o *hardware*

Los sistemas RAID (**R**edundant **A**rray of **I**nexpensive **D**isk inicialmente y posteriormente **R**edundant **A**rray of **I**ndependent **D**isk) son un sistema de almacenamiento de datos que se constituye de varios soportes de almacenamiento (discos magnéticos o SSD). En resumen, los sistemas RAID son un conjunto de discos trabajando para conseguir un fin común. Este fin depende de la configuración (también conocido como niveles) y pueden ser los siguientes:

1. **Mayor integridad.**

2. **Mayor tolerancia a fallos.**

3. **Mayor rendimiento.**

4. **Mayor capacidad.**

En los sistemas RAID varios soportes de almacenamiento son tratados como una única unidad por el sistema operativo. Estos sistemas son utilizados normalmente en equipos servidores, pero con la caída de precios en la tecnología es posible encontrarlos en entornos domésticos como pueden ser sistemas NAS o los *chipsets* de las placas bases de bajo coste.

Los sistemas RAID pueden configurarse tanto a nivel *software* como a nivel *hardware.* En la sección 1.2.6.2 se describirán en detalle las ventajas y desventajas de cada una de estas implementaciones. No obstante, todas las implementaciones de los sistemas RAID incorporan lo que se conoce como *hot spare* que consiste en disponer de uno o más discos de reserva preparados para utilizarse inmediatamente a continuación de que se produzca un fallo en algún disco RAID. De este modo, se consiguen reducir los tiempos de reparación/restauración de los discos, puesto que se acorta el tiempo necesario para realizar la reconstrucción del RAID.

En la siguiente sección se describen algunos de los principales niveles RAID para obtener los beneficios enumerados anteriormente.

1.2.6.1. Comparación de los diferentes niveles de protección RAID

Los niveles RAID proporcionan diferentes beneficios y tienen diferentes costes, por lo tanto, se debe ajustar la elección del nivel según el entorno que se esté configurando. Los principales niveles RAID son los siguientes:

- **RAID 0.** Este RAID es conocido como conjunto dividido o stripping y consiste en dividir los datos equitativamente entre dos o más discos sin información de paridad. Este RAID no proporciona ningún tipo de seguridad frente a los datos; en caso de avería de un disco, se pierden todos los datos que hay almacenados en todos los discos. La principal ventaja de este tipo de configuraciones es su alto rendimiento en las operaciones de lectura y escritura, ya que los datos se pueden recuperar en paralelo entre los diferentes discos. Otra característica es que solo se genera una unidad lógica para gestionar todos los discos. Los sistemas RAID 0 pueden ser creados con discos de diferentes tamaños, pero el tamaño de los discos quedará limitado al de menor tamaño. Por ejemplo, si un disco tiene una capacidad de 2 TB y otro de 1 TB, el RAID 0 solamente utilizará 1 TB, de cada uno de los discos, dando como resultado una configuración con una capacidad de 2 TB. Por ello, se recomienda que los discos sean de características similares. En la Figura 1.12 se muestra cómo se distribuyen los datos entre varios discos en una configuración RAID 0.

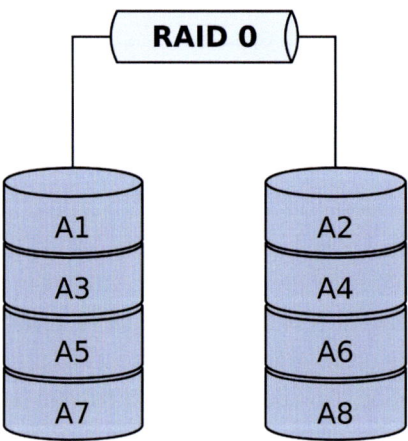

Figura 1.12. Esquema de distribución de datos en un RAID 0.

- **RAID 1.** Este RAID es conocido como espejo o *mirroring* y consiste en replicar los datos en dos o más discos. Esto permite tener más seguridad en los datos con los que se está trabajando en el momento. Este tipo de RAID no es utilizado como mecanismo de copias de seguridad, sino que proporciona un mecanismo para dar tolerancia a fallos 24/7. Es decir, los sistemas, aunque caiga un disco, seguirán funcionando sin necesidad de detener el servicio. El gran inconveniente de este nivel es que se *pierde* capacidad para almacenar más datos. Esta configuración proporciona como capacidad máxima el tamaño del disco menor. Además, al estar los datos en dos o más discos se incrementa el rendimiento de las operaciones de lectura, puesto que se pueden ejecutar en paralelo. En caso de querer mejorar el rendimiento de los niveles RAID 1, se utiliza una controladora (*hardware* específico) para cada uno de los discos, esto es conocido como *splitting* o *duplexing.* En la Figura 1.13 se muestra cómo se distribuyen los datos entre varios discos en una configuración RAID 1.

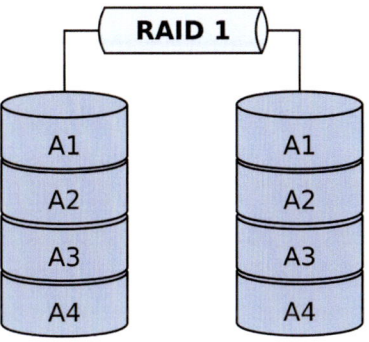

Figura 1.13. Esquema de distribución de datos en un RAID 1.

- **RAID 5.** Este tipo de RAID también es conocido como distribuido con paridad y consiste en la división de datos a nivel de bloques distribuyendo información de paridad entre todos los discos. La información de paridad permite recuperar los datos en caso de que se averíe alguno de los discos. El número mínimo de discos en esta configuración son tres, dos puramente de datos y uno de paridad (aunque esté distribuido). En este nivel se trata de conseguir la eficiencia del nivel 0 y la tolerancia a fallos del nivel 1. Eso sí, en este nivel no se consigue un sistema 24/7. Es decir, es necesario detener el sistema para recuperarse de una avería. En este nivel, la avería de un segundo disco provocaría la pérdida total de los datos. Es importante resaltar que en teoría la incorporación de discos en esta configuración es ilimitado (en la práctica hay una limitación de capacidad), pero el aumentar la cantidad de discos incrementa la probabilidad de que se produzca un fallo en un segundo disco y, por consiguiente, la pérdida de todos los datos. Las configuraciones RAID 5 son ineficientes cuando tienen una gran carga de escrituras de tamaño pequeño debido a que este nivel no es eficiente en las operaciones de escritura. En la Figura 1.14 se muestra cómo se distribuyen los datos entre varios discos en una configuración RAID 5.

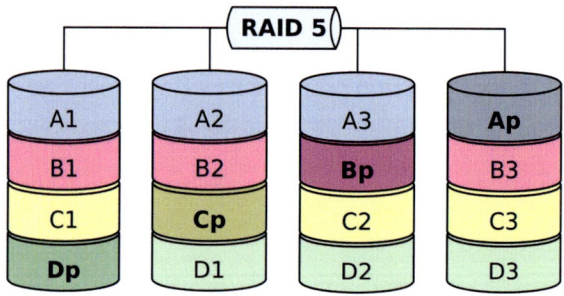

Figura 1.14. Esquema de distribución de datos en un RAID 5.

- **RAID 6.** El nivel RAID 6 extiende al nivel 5 añadiendo otro disco destinado a paridad. Este nivel surge debido a que la capacidad de recuperación de un solo bloque en el nivel 5 no puede completarse con tamaños de discos grandes. La solución consiste en agregar otro disco destinado a la paridad (aunque esté distribuido). El nivel 6 requiere de al menos cuatro discos para ser configurado y en configuraciones con pocos discos se pierde mucho espacio de discos, a medida que se aumenta el número de discos este efecto se va minimizando. No obstante, sucede igual que el RAID 5 en cuanto a la tolerancia de fallos. Es decir, si se averían dos discos se perderán todos los datos y a medida que se aumenten los discos se aumenta la probabilidad de que se averíen dos discos. Al igual que en el nivel 5 están penalizadas en rendimiento las operaciones de escritura debido a que se deben escribir los códigos de paridad (en este caso más complejo). En la Figura 1.15 se muestra cómo se distribuyen los datos entre varios discos en una configuración RAID 6.

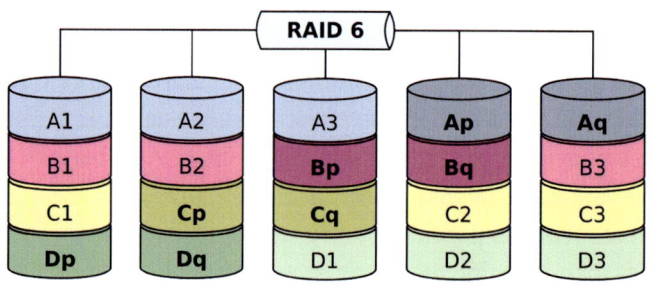

Figura 1.15. Esquema de distribución de datos en un RAID 6.

1.2.6.2. Otras configuraciones RAID (RAID 0+1 y RAID 1+0)

Otras populares configuraciones RAID son las conocidas como los RAID anidados. A partir de los RAID básicos descritos anteriormente se pueden crear configuraciones que combinan varias de estas soluciones. A continuación se describen los dos más populares de estas familias de RAID:

- **RAID 0+1.** El RAID 0+1 o también conocido como RAID 01 es una configuración RAID anidada en la cual se busca la eficiencia del RAID 0 y la seguridad brindada por el RAID 1. El RAID 0+1 es un espejo de divisiones. En primer lugar se crean dos o más conjuntos RAID 0, dividiendo los datos entre los discos que componen el RAID 0. El siguiente paso consiste en crear un RAID 1 sobre los RAID 0 establecidos en el paso anterior, es decir, se realiza un espejo de los anteriores. En esta configuración se garantiza un servicio 24/7 en los datos almacenados, puesto que si se produce alguna avería en un disco de la configuración del RAID 0, comenzará a trabajar la otra rama del RAID 1. Por otro lado, se consigue mayor rendimiento, puesto que los discos que se encuentran en la rama de RAID 0 están trabajando en paralelo. Al añadir un disco adicional en una división implica que se tenga que añadir otro disco a cada división para poder tener una replicación de todos los datos. El mayor inconveniente de esta configuración es que no tolera dos fallos simultáneos de discos (salvo que se produzcan en la misma rama), debido a que cuando se produce un fallo, solamente quedará operativa la otra rama de discos. En caso de que se produzca un nuevo fallo, entonces el sistema dejará de dar servicio y puede que todos los datos se pierdan. En la Figura 1.16 se muestra la configuración de RAID 0+1.

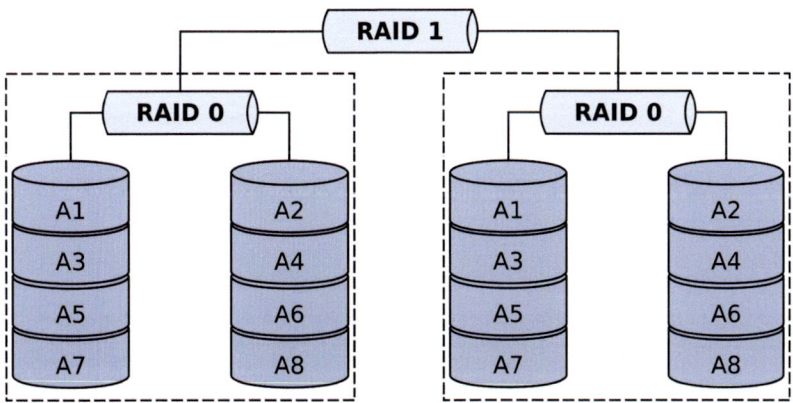

Figura 1.16. Esquema de distribución de datos en un RAID 0+1.

- **RAID 1+0.** El RAID 1+0 o también conocido como RAID 10 es otra configuración RAID anidada en la cual se persigue la eficiencia del RAID 0 y la seguridad del RAID 1. Este RAID es muy parecido al RAID 0+1, pero en este caso los niveles RAID están invertidos. El RAID 1+0 es una división de espejos. En esta configuración pueden fallar todos los discos de cada división RAID1 salvo uno sin que se produzca una pérdida de datos, lo que lo hace una opción más interesante que la anterior. En la Figura 1.17 se muestra la configuración de RAID 1+0.

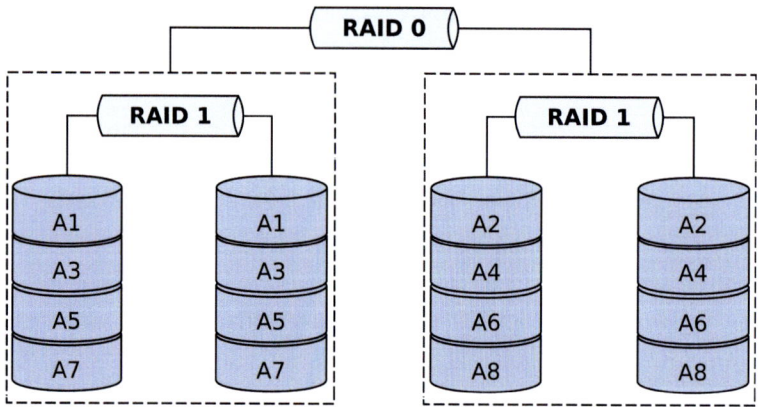

Figura 1.17. Esquema de distribución de datos en un RAID 1+0.

1.2.6.3. Mención de la opción de controladoras RAID *software* o *hardware*

Los sistemas RAID pueden configurarse a través de *software* o *hardware*. En las configuraciones por *software* no se dispone de un *hardware* especial, ni específico para hacer funcionar los discos según el nivel elegido, mientras que en los RAID por *hardware* es una controladora (tarjeta) específica la encargada de gestionar los discos. Una vez conocido que existen dos modalidades de configuración de los RAID, se plantea la cuestión de definir cuál es la solución que se debe utilizar.

El primer paso para poder resolver la cuestión anterior es realizar una comparativa entre ambas soluciones (independientemente del nivel configurado). En la Tabla 1.4 se muestran las características a tener en cuenta y cómo responde cada una de estas implementaciones.

Tabla 1.4. Comparativa de RAID por *hardware* y RAID por *software*

Característica	Software	Hardware
Coste: los RAID por *software* son parte del sistema operativo y no es necesario invertir en piezas *hardware*.	Bajo	Alto
Complejidad: los RAID por *software* trabajan a nivel de particiones y esto puede incrementar la complejidad del sistema cuando existen muchas particiones y muchos discos. Los RAID por *hardware* trabajan a nivel de discos y por tanto la complejidad es inferior.	Medio-Alto	Bajo

Característica	Software	Hardware
Escritura posterior (*write back caching*) con una batería de reserva (*backup battery unit, BBU*): los RAID por *software* no pueden añadir una batería extra mientras que los RAID por *hardware* sí la incluyen. Al incluir una batería de reserva se puede activar el modo de escritura retardado o posterior, lo cual hace incrementar el rendimiento con la seguridad de que si hay una avería en el suministro de energía, esta estará respaldada con la batería de reserva.	No	Sí
Rendimiento: el rendimiento en las configuraciones de RAID0 y RAID1 tanto en las versiones por *software* como por *hardware* es similar. No obstante, las configuraciones por *software* pueden sufrir una merma del rendimiento en los niveles en los que existen discos con paridad dependiendo de la carga de trabajo de la CPU. Esta circunstancia no ocurre en los RAID por *hardware* debido a que existe *hardware* específico para realizar estas tareas.	Depende	Alto
Sobrecarga en otros servicios: los RAID por *software* deben utilizar los recursos del equipo (CPU/RAM). A medida que se incrementa el número de discos se incrementa el uso de CPU/RAM que deja de estar disponible para otros servicios como puede ser MySQL. En cambio, en los RAID por *hardware* esta sobrecarga en otros servicios no existe.	Depende del uso del RAID	No
Disco en caliente: reemplazar el disco sin detener el sistema. La mayoría de controladores RAID por *hardware* soportan esta característica.	Sí	Sí
Disco de reemplazo (*hot spare support*): disponer de un disco instalado que está a la espera de que alguno falle para automáticamente reemplazar el disco que ha fallado.	Sí	Sí
Código abierto (*open source*): implementación del comportamiento del RAID es código abierto, con lo que un mayor número de usuarios puede resolver sus problemas colaborativamente.	Sí	No
Código cerrado: las implementaciones de RAID por *hardware* suelen ser privativas de compañías.	No	Sí
Reconstrucción rápida: una vez que un disco se ha averiado es necesario reconstruirlo en algunas configuraciones (RAID 5 y RAID 6). Al incluir una batería de reemplazo (BBU), esta característica se acelera frente a las soluciones que no la incorporan.	No	Sí

Una vez analizada la tabla anterior que compara ambas implementaciones, quedaría conocer cuándo se recomienda el uso de uno u otro.

- **Software.** Es recomendable adoptar esta medida cuando se busca una solución de bajo coste y se va a implementar una configuración RAID 0 o RAID 1.

Estos recursos son válidos cuando se dispone de un único servidor; por lo tanto, para soluciones caseras o para pequeñas empresas.

- *Hardware.* Es la salida que se utiliza cuando se va a trabajar con servicios que consuman una gran cantidad de recursos; por ejemplo, un servidor de base de datos. Además, si se requiere un incremento de rendimiento es la mejor solución, puesto que todas las características apuntan a mejorar el rendimiento del RAID. Además, este recurso es indispensable cuando van a existir muchos servidores interactuando entre sí. Eso sí, no debe olvidarse que el sobrecoste de esta medida frente a la de *software* hace que deba ser estudiada por los administradores de sistemas antes de aplicarla.

Ante la pregunta de cuál es mejor un RAID *software* o *hardware*, la respuesta es que ninguno; todo depende de lo que se requiera en la empresa, y en función de ello, se deberá implementar una solución u otra.

1.2.6.4. Configuración de sistemas RAID por *software*

En esta sección al igual que hicimos con los sistemas LVM se va a describir paso a paso con supuestos prácticos cómo configurar sistemas RAID por *software* utilizando sistemas operativos basados en UNIX. En concreto se hace uso de un *software* llamado **mdadm,** el cual permite configurar sistemas RAID 0, RAID 1, RAID 5, RAID 6 o incluso configuraciones avanzadas como son RAID 10.

Práctica 1. Configuración básica de un sistema RAID

Para la implementación de sistemas RAID es necesario disponer de varios discos o particiones con los que crear el sistema RAID. Al estar implementando la solución por *software* se puede llevar a cabo con particiones. Para comprobar los discos y particiones que están instalados en la máquina, basta con realizar un listado sobre el directorio /dev/ de los dispositivos sd*. Observe que el disco /dev/sda dispone de varias particiones, las cuales se han utilizado para instalar las diferentes particiones del sistema operativo (/dev/sda1, /dev/sda2, /dev/sda5 y /dev/sda6). Por otro lado, tenemos el resto de discos del sistema informático (/dev/sdb, ..., /dev/sdh) sin particionar, que serán utilizados para implementar el sistema RAID.

[root@mv1]# ls /dev/sd*
/dev/sda /dev/sda1 /dev/sda2 /dev/sda5 /dev/sda6 /dev/sdb /dev/sdc /dev/ sdd /dev/sde /dev/sdf /dev/sdg /dev/sdh

1. El primer paso consiste en instalar el *software* **mdadm** que es el encargado de gestionar los RAID. Esta herramienta no realiza particionado, sino que es necesario utilizar otra herramienta que establezca las particiones de los discos tal y como puede ser **fdisk.** A continuación se muestran algunas de las opciones principales del comando **fdisk** (para realizar particiones, en caso de que sea necesario).

[root@mv1]# fdisk /dev/sdX	
Orden	Acción
d	Suprime una partición
l	Lista los tipos de particiones conocidos
n	Añade una nueva partición
p	Imprime la tabla de particiones
q	Cierra **fdisk** sin aplicar los cambios en la tabla de particiones
w	Escribe la tabla de particiones y en el disco y se cierra el programa

El comando para instalar **mdadm** en distribuciones basadas en Debian sería el siguiente:

```
[root@mv1]# apt-get install mdadm
```

2. Se crea un directorio donde se almacenen enlaces a los volúmenes RAID que se crean. El directorio puede ser /dev/md, ya que en /dev se sitúan los dispositivos del sistema y md en alusión al término *multiple disks.*

```
[root@mv1]# mkdir /dev/md
```

3. Se procede a la creación de un sistema RAID utilizando el comando **mdadm** con las opciones adecuadas. La opción para crear un nuevo sistema RAID es **--create,** posteriormente se define el nombre del nuevo dispositivo, el cual se situará en /dev/md por utilizar un consenso se denominará con el **nombre_maquina:nombre_volumen.** No obstante, el nombre podría tener cualquier otra nomenclatura. A continuación se establecen algunas opciones como son **--level** para especificar el tipo de RAID que se va a configurar y **--raid-devices** para establecer el número de dispositivos que compondrán el sistema RAID. Finalmente se lista el número de dispositivos que componen el RAID.

```
[root@mv1]# mdadm --create /dev/md/nombre_maquina:nombre_volumen
--level=raid_level --raid-devices=n /dev/sdb /dev/sdc, ... /dev/sdf
#ejemplo de un RAID 0 con 3 discos
[root@mv1]# mdadm --create /dev/md/mv1:RAID0 --level=raid0
--raiddevices=3 /dev/sdb /dev/sdc /dev/sdd
```

4. A continuación se comprueba el estado del dispositivo RAID, puesto que, según el nivel, número de discos y capacidades, puede tomar un tiempo que se establezca la configuración. Para ello se puede consultar el fichero **/proc/mdstat** o utilizar la opción **--detail** del comando **mdadm** sobre el dispositivo RAID.

```
[root@mv1]# less /proc/mdstat
[root@mv1]# mdadm --detail /dev/md/mv1:RAID0
```

5. El siguiente paso es dar formato al nuevo sistema, puesto que en este momento disponemos de otra unidad de almacenamiento normal. A continuación se dará formato en el sistema de ficheros Ext4 con el comando **mkfs.ext4.**

```
[root@mv1]# mkfs.ext4 /dev/md/mv1:RAID0
```

6. El siguiente paso consiste en configurar el servicio **mdadm** para que cuando se reinicie el sistema RAID este siga funcionando. Para ello, se debe añadir al fichero de configuración /etc/mdadm/mdadm.conf la configuración del RAID que se acaba de configurar. Lo primero que se debe agregar es la lista de dispositivos de almacenamiento que van a utilizarse en el sistema RAID y finalmente los detalles del RAID. Para ello, se deben ejecutar los siguientes comandos:

```
[root@mv1]# echo "DEVICE /dev/sdb /dev/sdc /dev/sdd" >> /etc/ mdadm/
mdadm.conf
[root@mv1]# mdadm --detail --scan | tail -1 >>/etc/mdadm/mdadm.conf
```

7. El siguiente paso consiste en que el sistema RAID se monte automáticamente cada vez que se reinicia el sistema. Para ello, se debe editar el fichero /etc/fstab con la ruta y opciones de montaje para el RAID.

```
[root@mv1]# mkdir /mnt/RAID0
[root@mv1]# vi /etc/fstab

#se añade la siguiente línea
/dev/md/mv1:RAID0 /mnt/RAID0 ext4 user,rw,exec 0 0

[root@mv1]# mount -a
[root@mv1]# df -h
```

La herramienta **mdadm** permite comprobar el funcionamiento del sistema RAID. Para ello, se dispone de varias opciones que permiten simular fallos, agregar o eliminar discos. A continuación se describen algunas de las opciones más interesantes del comando **mdadm** que pueden ser utilizadas para la gestión de los RAID.

Opción	Sintaxis	Descripción
--fail	mdadm --fail /dev/mdX /dev/sdY	Provoca un fallo en el disco **sdY** el cual es parte del RAID **mdX**.
	mdadm --fail /dev/mdX /dev/sdYn	Provoca un fallo en la partición **sdYN** el cual es parte del RAID **mdX**.
--remove	mdadm --remove /dev/mdX /dev/sdY	Elimina el disco **sdY** o partición **sdYN** del RAID **mdX**.
	mdadm --remove /dev/mdX /dev/sdYn	
--add	mdadm --add /dev/mdX /dev/sdY	Agrega el disco **sdY** o partición **sdYN** al RAID **mdX**.
	mdadm --add /dev/mdX /dev/sdYn	
--query	mdadm --query /dev/sdX	Conocer a qué RAID pertenece el disco /dev/sdX.
--stop	mdadm --stop /dev/mdX	Detiene el RAID /dev/mdX.
	mdadm --stop --scan	Detiene todos los RAID.
--zerosuper-block	mdadm --zero-superblock /dev/sdX	Elimina el superbloque de un disco que ha formado parte de un sistema RAID. Esto se debe hacer cuando se detiene (**--stop**) y elimina (**--remove**) un RAID.

Práctica 2. Implementación de RAID0, RAID1 y RAID5

Para la realización de esta práctica se va a suponer que están instalados nueve discos al margen del disco (/dev/sda) donde se encuentra el sistema operativo Debian o derivado. Los otros nueve discos están identificados como /dev/sdb, /dev/sdc,..., /dev/sdj. Se encuentra instalado el *software* **mdadm** en el sistema operativo en una máquina que se denomina *mv1.* Se van a configurar los sistemas RAID descritos en la siguiente tabla. Además, a modo ilustrativo se van a realizar algunas pruebas sobre el comportamiento de los RAID provocando algún fallo y eliminando alguno de los RAID.

Tipo rAID	Dispositivo	Discos	Punto de montaje
RAID5	/dev/md/mv1:RAID5	/dev/sdb /dev/sdc /dev/sdd /dev/sde	/mnt/RAID5
RAID0	/dev/md/mv1:RAID0	/dev/sdf /dev/sdg	/mnt/RAID0
RAID1	/dev/md/mv1:RAID1	/dev/sdh /dev/sdi	/mnt/RAID1

Los pasos para llevar a cabo esta práctica en un entorno Debian o derivado son los siguientes:

1. El primer paso consiste en verificar que están instalados los nueve discos en nuestro sistema. Esto es tan sencillo como comprobar que están identificados en la ruta /dev/sd*.

```
[root@mv1]# ls /dev/sd*
/dev/sda /dev/sda1 /dev/sda5 /dev/sda6 /dev/sdb /dev/sdc /dev/sdd
/dev/sde /dev/sdf /dev/sdg /dev/sdh /dev/sdi /dev/sdj
```

2. A continuación se crea el espacio destinado a montar los diferentes RAID y se crearán con el comando **mdadm.** Además, se chequea que se han creado satisfactoriamente.

```
[root@mv1]# mkdir /dev/md
[root@mv1]# mdadm --create /dev/md/mv1:RAID5 --level=raid5
--raid-devices=4 /dev/sdb /dev/sdc /dev/sdd /dev/sde
[root@mv1]# mdadm --create /dev/md/mv1:RAID0 --level=raid0
--raid-devices=2 /dev/sdf /dev/sdg
[root@mv1]# mdadm --create /dev/md/mv1:RAID1 --level=raid1
--raid-devices=2 /dev/sdh /dev/sdi
[root@mv1]#mdadm --detail /dev/md/mv1:RAID5
[root@mv1]#mdadm --detail /dev/md/mv1:RAID0
[root@mv1]# mdadm --detail /dev/md/mv1:RAID1
```

3. Una vez que se han creado los espacios destinados a los sistemas RAID, se procede a dar formato a las nuevas unidades con el comando **mkfs.ext4.**

```
[root@mv1]# mkfs.ext4 /dev/md/mv1:RAID5
[root@mv1]# mkfs.ext4 /dev/md/mv1:RAID1
[root@mv1]# mkfs.ext4 /dev/md/mv1:RAID0
```

4. Una vez están las unidades RAID establecidas y con formato, se debe realizar la configuración para que el sistema identifique adecuadamente los discos que están asociados a cada uno de los RAID. En este caso se modificará el fichero /etc/mdadm/mdadm.conf.

```
[root@mv1]#echo"DEVICE/dev/sdb/dev/sdc/dev/sdd/dev/sde/dev/sdf/
dev/sdg/dev/sdh/dev/sdi/dev/sdj">>/etc/mdadm/mdadm.conf
[root@mv1]#mdadm--detail--scan|tail-3>>/etc/mdadm/mdadm.conf
```

5. Aunque los servidores no deben ser reiniciados, puede ser que para algunas tareas de mantenimiento sea necesario su reinicio. En este paso se asegura que cuando el sistema se reinicie se monten automáticamente los RAID en sus directorios de modo satisfactorio. A continuación se modifica el fichero /etc/fstab para los montajes de las unidades automáticamente en cada reinicio y se crean los directorios donde se montan cada uno de los RAID.

```
[root@mv1]# mkdir /mnt/RAID5 /mnt/rAID0 /mnt/rAID1
[root@mv1]#vi /etc/fstab

#se agregan las siguientes líneas
/dev/md/mv1:RAID5 /mnt/RAID5 ext4 user,rw,exec,defaults 0 0
/dev/md/mv1:RAID1 /mnt/RAID1 ext4 user,rw,exec,defaults 0 0
/dev/md/mv1:RAID0 /mnt/RAID0 ext4 user,rw,exec,defaults 0 0

[root@mv1]# mount -a
```

Los pasos anteriores describen el montaje paso a paso del sistema con tres dispositivos RAID utilizando ocho discos. Además, se ha reservado un disco para sustituir en caso de que se produzcan fallos en alguno de los entornos RAID (/dev/sdj). En los siguientes pasos se va a simular un fallo en el RAID1, que tiene redundancia de datos, y se va a proceder a sustituir el disco. Es interesante observar la reconstrucción de los datos en tiempo real en esta configuración RAID.

1. El primer paso consiste en provocar un fallo (simularlo) utilizando la herramienta **mdadm** y la opción **--fail** en uno de los discos (/dev/sdh) del RAID1.

```
[root@mv1]# mdadm --fail /dev/md/mv1:RAID1 /dev/sdh
```

2. A continuación se observa con la opción **--detail** información de qué ha sucedido en el RAID1 (el error provocado).

```
[root@mv1]# mdadm --detail /dev/md/mv1:RAID1
```

3. Una vez que se conoce el disco que se ha averiado por la información proporcionada en el punto anterior, se procede a retirarlo del sistema RAID. En ningún momento el sistema se detuvo gracias a tener una redundancia del nivel 1.

```
[root@mv1]# mdadm --remove /dev/md/mv1:RAID1 /dev/sdh
[root@mv1]# mdadm --detail /dev/md/mv1:RAID1
```

4. Se agrega el nuevo disco en el sistema RAID, e inmediatamente se muestra el detalle del RAID. Además, se puede observar el porcentaje de reconstrucción del RAID.

```
[root@mv1]# mdadm --add /dev/md/mv1:RAID1 /dev/sdj
[root@mv1]# mdadm --detail /dev/md/mv1:RAID1
```

En el siguiente supuesto se va a eliminar un RAID completo (RAID 0), comprobando que la eliminación ha sido desarrollada satisfactoriamente.

1. En primer lugar se detiene el RAID para que los usuarios no puedan acceder a los datos almacenados en él.

```
[root@mv1]# mdadm --stop /dev/md/mv1:RAID0
```

2. A continuación se procede a eliminar el RAID, pero para ello se debe conocer dónde está realmente configurado el RAID, puesto que la denominación /dev/md/MV1:RAID0 no deja de ser un enlace a la verdadera identificación. Para conocer dónde se encuentra se utiliza el comando **ls** con la opción extendida (**-l**).

```
[root@mv1]# ls -l /dev/md/mv1:RAID0
lrwxrwxrwx 1 root root 8 Oct 13 12:14 /dev/md/mv1:RAID0 -> ../md128
```

3. Ahora se puede eliminar el dispositivo RAID y limpiar el superbloque de los discos que lo componían para que puedan ser utilizados en otros fines sin problemas.

```
[root@mv1]# mdadm --remove /dev/md128
[root@mv1]# mdadm --zero-superblock /dev/sdf /dev/sdg
```

1.2.5.6. Configuración de sistemas RAID por *software* y LVM

Una práctica común en los sistemas de almacenamiento por parte de los administradores es combinar sistemas RAID (ya sea por *software* o *hardware*) con LVM. En esta sección se va a describir cómo realizar el montaje paso a paso de un sistema de almacenamiento con base de RAID por *software* y con la flexibilidad que aportan los entornos LVM. A continuación se describen los RAID (que serán PV), discos que componen el RAID, VG, LV y punto de montaje que se llevará a cabo.

RAID	Discos (25 GB)	VG	LV	Punto montaje
RAID5	/dev/sdb /dev/sdc /dev/sdd	VG_RAID	imágenes (20 GB)	/mnt/imagenes
			informes (20 GB)	/mnt/informes
RAID6	/dev/sde /dev/sdf /dev/sdg /dev/sdh /dev/sdi /dev/sdj		vídeos (100 GB)	/mnt/videos
			documentos (15 GD)	/mnt/documentos
			canciones (45 GB)	/mnt/canciones

En esta práctica, al igual que las anteriores, se va a ir describiendo paso a paso cómo se desarrolla el montaje. En prácticas anteriores se mostró como configurar entornos RAID y LVM por separado. El proceso es exactamente el mismo que se mostró en las anteriores secciones, puesto que en primer lugar es necesario configurar las unidades RAID sobre las cuales se establecerá el sistema LVM. Antes de comenzar debe asegurarse de que están instaladas en el sistema tanto **mdadm** (RAID) y **lvm2** (LVM) para poder hacer uso de ellas.

1. En primer lugar se crean los diferentes RAID.

```
[root@mv1]# mdadm create /dev/md/mv1:RAID5 level=raid5 raid-
devices=3 /dev/sdb /dev/sdc /dev/sdd

[root@mv1]# mdadm create /dev/md/mv1:RAID6 level=raid6 raid-
devices=6 /dev/sde /dev/sdf /dev/sdg /dev/sdh /dev/sdi
/dev/sdj
```

2. Se realiza la configuración de los RAID en el fichero **mdadm.conf**

```
[root@mv1]#echo"DEVICE/dev/sdb/dev/sdc/dev/sdd/dev/sde/dev/ sdf /
dev/sdg /dev/sdh /dev/sdi /dev/sdj" >> /etc/mdadm/mdadm.conf
root@mv1]#mdadm--detail--scan|tail-2>>/etc/mdadm/mdadm.conf
```

3. En esta ocasión no se formatean ni se montan los RAID debido a que vamos a utilizar volúmenes lógicos como unidades de almacenamiento. Por lo tanto, el siguiente paso consiste en comprobar que las nuevas unidades RAID pueden ser utilizadas por **lvm** y convertirlos en volúmenes físicos.

```
[root@mv1]# lvmdiskscan | grep /dev/md
root@mv1]# pvcreate /dev/md/mv1:RAID5 /dev/md/mv1:RAID6
```

4. Una vez establecidos los volúmenes físicos, se procede a crear los grupos de volúmenes e incluir los dos RAID al mismo.

```
[root@mv1]#vgcreate VG_RAID /dev/md/mv1:RAID5 /dev/md/mv1:RAID6
```

5. El siguiente paso consiste en crear los volúmenes lógicos descritos.

```
[root@mv1]# lvcreate VG_RAID -n imagenes --size 20G
[root@mv1]# lvcreate VG_RAID -n informes --size 20G
[root@mv1]# lvcreate VG_RAID -n videos --size 100G
[root@mv1]# lvcreate VG_RAID -n documentos --size 15G
[root@mv1]# lvcreate VG_RAID -n canciones --size 45G
```

6. Una vez que se dispone de los volúmenes lógicos que componen el sistema, se procede a darles formato (ext4) y montarlos automáticamente utilizando el fichero /etc/fstab.

```
[root@mv1]# mkfs.ext4 /dev/VG_RAID/imagenes
[root@mv1]# mkfs.ext4 /dev/VG_RAID/informes
[root@mv1]# mkfs.ext4 /dev/VG_RAID/videos
[root@mv1]# mkfs.ext4 /dev/VG_RAID/documentos
[root@mv1]# mkfs.ext4 /dev/VG_RAID/canciones
[root@mv1]#mkdir /mnt/imagenes /mnt/informes /mnt/videos /mnt/
documentos /mnt/canciones
[root@mv1]# vi /etc/fstab
```

```
#se agregan las siguientes líneas
/dev/VG_RAID/imagenes /mnt/imagenes ext4 defaults,exec,rw 0 0
/dev/VG_RAID/informes /mnt/informes ext4 defaults,exec,rw 0 0
/dev/VG_RAID/videos /mnt/videos ext4 defaults,exec,rw 0 0
/dev/VG_RAID/documentos /mnt/documentos ext4 defaults,exec,rw 0 0
/dev/VG_RAID/canciones /mnt/canciones ext4 defaults,exec,rw 0 0
```

```
[root@mv1]# mount –a
```

1.3. Análisis de las políticas de salvaguarda

La copia de seguridad consiste en la generación de una copia de los datos en un momento determinado y depositada en un lugar seguro para su posterior utilización en caso de ser necesaria. El lugar y la forma en la que se almacenará la copia de seguridad se describirán con detalle en la sección 1.3.7.

Existen diversos motivos por los que puede hacer falta recurrir a la restauración de una copia de seguridad, tales como eliminación accidental del usuario, ataques contra el sistema, un virus informático o un fallo del *hardware* que pueda implicar la pérdida de datos.

Cuando coloquialmente se hace referencia a las copias de seguridad, esta expresión lleva implícita dos acciones posibles, una es la de realizar las copias de seguridad y la otra es la de la restauración.

La acción de realizar una copia de seguridad, en el entorno empresarial, no es tan simple como pueda parecer, hay que tener en cuenta diversos factores.

Debido a que cada empresa tiene un tipo de información que guardar, unos recursos informáticos diferentes y en general unas necesidades y medios distintos, las políticas también serán diferentes de unas a otras, y de ahí el porqué de la definición de una política de salvaguarda:

- **Cuantificar los costes de las posibles pérdidas de datos** tanto a nivel económico del valor propio de la información, como a nivel de costes en recursos humanos para volver a generar la información en caso de ser posible.

- **Analizar los tiempos de generación de la copia de seguridad,** estos han de ser razonables y reales, puesto que no podemos planificar copias diarias de un volumen de información que llevaría días en generar la copia con los recursos *hardware* disponibles. Asimismo, hay que evaluar los tiempos de recuperación de la copia de seguridad, debe ser una tarea lo más rápida posible.

- Hay que **valorar los recursos *hardware* de los que dispone la empresa** y de los que puede financiar para adquirir en caso de no ser suficientes.

- **Valorar cuánta información entre períodos de tiempo es asumible perder como máximo.**

- **Analizar qué es imprescindible copiar y qué no.** Será tarea del administrador del sistema la de realizar las copias de seguridad y tomar la decisión de la información que hay que salvaguardar, y sobre la que hay que realizar las copias de seguridad y planificarla en función del tipo de información y del servicio del que depende:

— **Información que el usuario salva directamente en un sistema de ficheros local o en red**. Es necesario decidir la información que hay que salvar en las copias de seguridad, *a priori,* en una empresa toda la información es importante, salvo que se indique lo contrario, pero será tarea del administrador dictar las políticas de almacenamiento de la información a los usuarios para poder realizar las copias de seguridad.

— **Información que el usuario almacena remotamente, como es el caso de bases de datos**. En estos casos el administrador debe decidir cómo realizar las copias de seguridad y además dependerá de las posibilidades que ofrezca el diseño del sistema gestor de bases de datos.

— **Información que está en continuo cambio y que también almacenan usuarios ajenos al sistema**. Es el caso de los servidores de correo electrónico. El administrador debe diseñar un sistema de copias de seguridad en el que la pérdida de información sea mínima.

- **Volumen de la información que salvar.** Es necesario establecer el volumen de información que se puede llegar a almacenar a corto y medio plazo, tanto inicialmente como de manera periódica. Se debe garantizar que siempre habrá espacio para almacenar la copia de seguridad. Esto condiciona el medio en el que se almacena la copia de seguridad, y, por tanto, los dispositivos de almacenamiento que se tendrán que utilizar para realizar las copias de seguridad.

- **Posibilidad de interrupción del sistema para realizar la copia de seguridad.** Debido a que no es posible realizar copias de los ficheros que están en uso, en muchos casos habrá que parar el sistema o parte de él para poder realizar la copia de seguridad, por lo que el administrador debe establecer un calendario de copias de seguridad.

- **Infraestructura para las copias de seguridad.** Es frecuente en los sistemas modernos que la información de la que hay que realizar la copia de seguridad esté fragmentada en servidores distintos y es por ello que es necesario contemplar minuciosamente los volúmenes de información y las posibilidades de la infraestructura de red para que no se produzcan colapsos en las comunicaciones; llegado el caso puede ser necesaria la implantación de una infraestructura de comunicaciones para uso dedicado de las copias de seguridad. También es necesaria la evaluación del volumen de información frente a las posibilidades de transferencia del medio que almacenará la información para que este ocupe el menor período de tiempo posible.

- **Integridad de las copias de seguridad.** Es importante asegurar la integridad de las copias de seguridad, de lo contrario estas podrían ser inútiles y para ello es necesario verificarlas después de realizarlas para asegurar que han sido realizadas correctamente. Si la verificación de la copia no se realiza correctamente se chequeará si ha sido debido a un fallo de *software* o derivado de un medio de almacenamiento en mal estado, en cuyo caso deberá ser reemplazado y se deberá generar nuevamente la copia en el nuevo medio de almacenamiento. Para no escribir constantemente en el mismo medio se utilizan medios de almacenamiento distintos.

- **Multiplicidad de las copias de seguridad.** Es necesario mantener más de una copia de seguridad, y esas múltiples copias deben estar localizadas en ubicaciones distintas para prevenir su pérdida frente a posibles catástrofes humanas (robo, sabotaje, incendios, etc.) o medioambientales (tormentas, inundaciones, terremotos, etcétera).

- **Seguridad de las propias copias de seguridad.** Las copias de seguridad contienen información sensible y esta debe estar situada en lugares físicamente seguros fuera del alcance de toda persona que no sea el responsable de ellas.

1.3.1. Los puntos únicos de fallo, concepto e identificación

Los puntos únicos de fallo (*single point of failure,* SPOF) son los componentes del sistema que si dejan de funcionar provocan que todo el sistema quede fuera de servicio. Por tanto, un punto único de fallo puede ser un dispositivo electrónico, *hardware* o *software,* que si deja de funcionar provoca una parada global del sistema o incluso una persona física que es la responsable de un determinado servicio, y su ausencia puede provocar el mismo desastroso resultado.

La principal solución para evitar puntos de fallo únicos en el sistema es la redundancia de los componentes que conforman el sistema y esto nos introduce al concepto de alta disponibilidad que será descrita con más detalle en la sección 1.3.5.

Pero esencialmente, para evitar puntos de fallo únicos, la principal técnica es la redundancia, que consiste en hacer que los componentes que pueden provocar una caída del sistema estén al menos duplicados y configurados de la manera adecuada para que cuando uno falle, el sistema continúe funcionando mediante el componente redundante al que ha fallado, y evitándose, así, la caída del sistema.

En el momento de diseñar un sistema informático, el administrador del sistema debe evitar cualquier tipo de punto único de fallo, para esto se puede establecer un protocolo de verificaciones que seguir para la adición de un componente al sistema, y si el sistema ya está implementado, se puede seguir dicho protocolo para identificar posibles puntos únicos de fallo. Este protocolo consistirá en una serie de comprobaciones sobre las siguientes partes del sistema:

- **Comunicaciones.** Se deben comprobar los componentes que conforman el sistema de comunicaciones y estos los podemos segmentar en comunicaciones internas y externas. De esta forma se verificarán aspectos como:

  — **Comunicación del sistema con el exterior.** En caso de que el sistema no esté aislado del exterior, necesitará una conexión a un proveedor de servicios en internet (ISP), y, por tanto, este se puede considerar como un SPOF, ya que no está exento de una caída y provocando que el sistema no tenga comunicación con el exterior. Como solución se establecerán, al menos, dos ISP independientes consiguiendo así que, si uno de ellos quedara fuera de servicio, el sistema continuara manteniendo la comunicación con el exterior a través del otro ISP.

  — **Comunicación interna del sistema.** Si el sistema establece conexiones internas mediante redes virtuales privadas, se tratará también como una comunicación del sistema con el exterior. Será necesaria también la verificación de los componentes que conforman el sistema de comunicaciones y por consiguiente hay que verificar si la caída de cualquiera de los elementos de las comunicaciones internas puede provocar una caída del sistema. En este caso habrá que verificar elementos como *hubs, switches,* dispositivos Ethernet, dispositivos de comunicaciones inalámbricas si las hubiera. Como solución se establecerán elementos redundantes en las comunicaciones y una configuración de la infraestructura de comunicaciones que sea capaz de gestionar estos elementos redundantes.

  — **Medios de comunicación.** Los medios de comunicación también deben ser considerados como SPOF debido a que una ruptura en un medio de comunicación, como por ejemplo una fibra óptica, un cable coaxial o un UTP, puede provocar una caída en el sistema comunicaciones. Como solución se establecerán medios de comunicación duplicados y por separado siempre que sea posible.

1.3.2. Tipos de copias de seguridad y calendarización de copias

La copia de seguridad consiste en la generación de una copia de los datos en un momento determinado y depositada en un lugar seguro para su posterior utilización en caso de ser necesaria. El lugar y la forma en la que se almacenará la copia de seguridad se describirán con detalle en la sección 1.3.7.

Existen diversos motivos por los que puede hacer falta recurrir a la restauración de una copia de seguridad, pudiendo ser provocados por eliminación accidental del usuario, ataques contra el sistema, un virus informático, un fallo del *hardware* que pueda implicar la pérdida de datos.

Cuando coloquialmente se hace referencia a las copias de seguridad, esta expresión lleva implícita dos acciones posibles, una es la de realizar las copias de seguridad y la otra es la de la restauración.

La acción de realizar una copia de seguridad, en el entorno empresarial, no es tan simple como pueda parecer, hay que tener en cuenta diversos factores explicados en la sección anterior.

A continuación se describen, en líneas generales, algunas de las premisas y restricciones a tener en cuenta antes de realizar el proceso de copia de seguridad de algunas fuentes de información en función del servicio al que está asociada dicha información:

- **Copia de seguridad en base de datos.** Por defecto la mayoría de los sistemas gestores de base de datos bloquea las tablas antes de comenzar el proceso de copia de seguridad para evitar inconsistencia de los datos cuando es necesario recurrir al proceso de restauración de la copia de seguridad. Como ejemplo, en el SGBD MySQL, el proceso de copia de seguridad se realiza con la orden **mysqldump,** su uso básico sería:

  mysqldump --user=*usuario_backup* --password=*contraseña* \

  nombre_base_datos > backup_nombre_base_datos.sql

  Donde **usuario_backup** será el nombre de usuario destinado a realizar las copias de seguridad, **contraseña** corresponderá con la contraseña de dicho usuario, y **nombre_base_datos** será el nombre de la base de datos a la que se le realizará la copia de seguridad. El usuario deberá poseer permisos SELECT sobre la base de datos de la que realizará la copia de seguridad.

  También es posible realizar copias de seguridad sobre determinadas tablas de la base de datos y, puesto que en la mayoría de las bases de datos hay tablas que no cambian, es lógico no realizar copia de seguridad de esas tablas para ahorrar espacio de almacenamiento y tiempo en el proceso de generación de la copia de seguridad. Continuando con el SGBD MySQL, es posible realizar copia de seguridad de determinadas tablas mediante el comando **mysqldump,** y su uso sería:

  mysqldump --user=*usuario_backup* --password=*contraseña* \
  NOMBRE_BAS…_DATOS \
  TABLA1 TABLA2 TABLA3 > *backup_nombre_base_datos.sql*

Donde TABLA1, TABLA2 y TABLA3 corresponden con el nombre de las tablas a las que realizar la copia de seguridad. En este caso, el usuario, al menos, deberá poseer privilegio de SELECT sobre las tablas sobre las que realizará la copia de seguridad.

El proceso descrito hasta ahora no es posible llevarlo a la práctica en servidores en producción ymucho menos si además tienen mucha actividad, en estos casos es necesario realizar la copia de seguridad sin bloquear las tablas, para esto basta con añadir al comando **mysqldump** la opción **--lock-tables=false.**

- **Copia de seguridad en servidores de ficheros.** La premisa para poder realizar correctamente el proceso copia de seguridad de un sistema de información basado en ficheros, a los que se accede por medio de una red de computadores, es que los ficheros no estén en uso en el momento de realizar la copia de seguridad, y, a pesar de establecer el horario para la ejecución del proceso de copia de seguridad, es posible que algunos ficheros puedan permanecer en uso en ese momento por diversos factores, como un empleado que esté trabajando en ese horario por circunstancias excepcionales o un simple olvido del trabajador al no apagar el terminal o el fichero. Frente a esta situación, se debe proceder de dos formas: la más agresiva, realizando un cierre del fichero con la posible pérdida de información; o la más sensata, consistente en realizar la copia de seguridad excluyendo los ficheros en uso y generando notificaciones a cada usuario de los ficheros que estaban en uso durante el proceso de copia de seguridad y, por tanto, no se han incluido en la última copia de seguridad. Es posible implementar esta última opción no agresiva utilizando comandos básicos en el sistema de compartición de archivos basado en el protocolo Samba. En sistemas Linux, esta tarea se implementa de manera sencilla realizando una revisión previa de los archivos en uso utilizando el comando **smbstatus** con el modificador **-L**. Este comando mostrará únicamente los archivos bloqueados, los cuales pueden ser redirigidos a un archivo temporal. Posteriormente, estos archivos bloqueados pueden ser excluidos del proceso de copia de seguridad mediante el modificador **-X** del comando **tar.** Al modificador **-X** del comando **tar** se le pasa el archivo temporal que contiene la lista de archivos que se deben excluir de la copia de seguridad.

A partir de aquí, dado que el comando **smbstatus** también indica qué usuario ha bloqueado el archivo, es posible enviar un mensaje de correo electrónico a cada usuario utilizando el comando **mail,** informándoles sobre los archivos que no se han incluido en la última copia de seguridad.

También es necesario tener en cuenta el tamaño que ocuparán las copias de seguridad, por lo que generalmente será necesario comprimirlas, y el nivel de compresión será necesario planificarlo para poder ajustarlo lo mejor posible.

- **Ajuste de la compresión en función de la capacidad de almacenamiento.** Una de las operaciones de manipulación que se realizan sobre las copias de seguridad es la de comprimir la copia de seguridad para obtener un tamaño menor y así optimizar el espacio disponible para albergar las copias de seguridad. Existen varios niveles de compresión, por lo que es importante realizar pruebas previas para evaluar el nivel de compresión idóneo para el tipo de información que se desea salvaguardar. Es aconsejable comprimir la copia de seguridad con los niveles máximo y medio de compresión y evaluar la diferencia de los tamaños resultantes; si la diferencia no es muy grande, se puede establecer el nivel medio como un nivel de compresión válido; de no ser así, habrá que ir realizando pruebas hasta obtener el nivel que mejor se adecue a las necesidades de almacenamiento de las que se dispone.

- **Ajuste de la compresión en función del tiempo necesario para realizar dicho proceso.** Como complemento a lo descrito en el punto anterior, hay que sumar el factor de tiempo necesario para realizar la compresión de la copia de seguridad, debido a que a mayor nivel de compresión será necesario mayor tiempo para llevar a cabo el proceso. Por lo que para designar el nivel de compresión óptimo para comprimir la copia de seguridad, será necesario evaluar si el tiempo necesario para la operación es viable, por lo que puede ser necesario recurrir a un nivel de compresión inferior para poder realizar la compresión en un tiempo prudencial. Hasta aquí se ha contemplado el factor de tiempo para el proceso de compresión, pero no tiene por qué ser un punto crítico en la planificación de las copias de seguridad. Si es necesario comprimir la copia de seguridad con un nivel de compresión elevado e incluso si es necesario con el nivel de compresión máximo, el proceso de compresión se puede llevar a cabo en una computadora diferente, y, no obstante, hay que tener en cuenta que el proceso de compresión forma parte de la manipulación de las copias de seguridad, es decir, que son operaciones sobre una copia de seguridad que ya está finalizada.

Si se considera como crítico el tiempo necesario para llevar a cabo el proceso de descompresión, para poder recuperar la copia de seguridad en caso de ser necesario, por lo que es necesario designar el nivel de compresión de manera que exista un equilibrio entre reducción del tamaño de la copia de seguridad y el tiempo de recuperación.

La mayoría de las aplicaciones de compresión utilizan un solo núcleo de procesador, así que para ayudar a reducir el tiempo, tanto en el proceso de compresión como de descompresión, es posible utilizar aplicaciones de compresión que permitan utilizar múltiples núcleos de procesador, como es el caso del comando de UNIX **xz,** al que le podemos indicar el número de núcleos que puede utilizar para los procesos de compresión y descompresión.

Existen varios tipos de copias de seguridad:

- **Completa.** Es el tipo de copia de seguridad más elemental y consiste en la copia de todos los ficheros que contienen la información en el soporte donde se va a almacenar. Este tipo de copias de seguridad presenta dos grandes inconvenientes: 1) requiere de un dispositivo para el almacenamiento suficientemente grande si el volumen de información es muy grande; 2) y sobre todo presenta el inconveniente de que el proceso puede demorarse mucho, lo que repercute directamente en el tiempo de recuperación (RTO).

- **Incremental.** En este tipo de copias de seguridad solo se copian los ficheros que han variado desde la última operación de copia de seguridad. En este tipo de copias de seguridad es frecuente que se localicen los ficheros que han cambiado mediante la fecha y hora de última modificación que tienen estampada cada uno de los ficheros y comparándola con la que tienen los ficheros almacenados en la última copia de seguridad. Este tipo de copia de seguridad se puede realizar sobre cualquier otro tipo de copia de seguridad. La principal ventaja es que al almacenar menos información que la copia de seguridad completa ocupará menos y por tanto el tiempo para poder realizarla es menor. Como desventaja se destaca que para su restauración son necesarias, la copia completa y todos los ficheros de copias incrementales.

- **Diferencial.** Al igual que ocurre en la copia de seguridad incremental, en la diferencial no se copian todos los ficheros, tan solo los que han cambiado, pero siempre desde la última copia de seguridad completa. Como desventaja frente a la copia incremental, el resultado de esta ocupará más y requerirá más tiempo para realizarse, pero menos que una copia completa. La ventaja que presenta frente a las incrementales, es que para su restauración, solo necesita de una copia diferencial y de su correspondiente copia completa.

Existen operaciones que se realizan sobre las copias de seguridad para resolver problemas derivados de ellas como el uso excesivo de almacenamiento y la seguridad de los datos.

Las copias de seguridad, a medida que se van generando van ocupando cada vez más espacio en disco por dos motivos. El principal es que el volumen de información a medida que pasa el tiempo cada vez es mayor y por tanto las copias de seguridad cada vez ocupan más espacio en disco y se hace necesario el uso de un sistema de compresión para tratar de reducir el espacio que va a ocupar cada copia de seguridad. Más adelante, en esta misma sección se muestran algunos ejemplos en los que se utiliza un sistema de compresión sobre una copia de seguridad.

También es necesario manipular las copias de seguridad para asegurarlas y evitar que, si por algún motivo llegan a una persona indebida, se pueda acceder a la información que contienen. Para realizar esto se necesita un *software* de cifrado de datos. Más adelante, en esta misma sección se muestra un ejemplo en el que se utiliza un sistema de cifrado sobre una copia de seguridad.

En sistemas Linux, Solaris y *NIX para realizar copias de seguridad de forma estándar se utiliza el comando **tar,** que está diseñado para almacenar archivos en cintas magnéticas (de ahí su nombre Tar ARchiver). Fue introducido por primera vez en el sistema UNIX v7 en enero de 1979 y posteriormente estandarizado por POSIX.1-1988 y luego por POSIX.1-2001. Existen diferentes implementaciones que parten desde su origen, para sistemas Solaris, BSD y GNU **tar** entre otros, que buscan aprovechar los recursos nativos de cada sistema para generar copias de seguridad con mayor rendimiento. Es importante resaltar que **tar** no comprime la copia de seguridad y necesita de un *software* adicional para hacerlo y que en muchos casos se integra con el propio **tar**.

El uso básico del comando es el mismo para todas sus implementaciones, veamos sus acciones de uso básicas:

---
tar [acciones] [ficheros]

Acciones:

- **-c, --create.** Archiva o crea un contenedor con los archivos sobre los que se realizará la copia de seguridad.

- **-W, --verify**. Verifica el contenedor después de escribirlo.

- **-x, --extract.** Extrae archivos de un contenedor de una copia de seguridad existente.

- **-d, --delete.** Borra un fichero del contenedor de una copia de seguridad existente.

- **-t, --list.** Lista los ficheros almacenados en un contenedor de copia de seguridad existente.

- **-f, --file=NOMBRE.** Especifica el NOMBRE del contenedor que en caso de ser una cinta magnética se indica el dispositivo.

- **-p, --preserve-permissions.** Conserva la información de los permisos (opción por defecto cuando root realiza la copia de seguridad).

- **-g, --listed-incremental.** Realiza una copia de seguridad incremental a partir de una completa especificada.

- **-n fecha.** Crea una copia diferencial a partir de una completa especificada y la fecha indicada en formato dd-mm-aa.

- **-z, --gzip, --gunzip.** Comprime o descomprime el contenedor con **gzip**.

- **-j, --bzip2.** Comprime o descomprime el contenedor con **bzip2**.

- **-J, --xz.** Comprime o descomprime el contenedor con **xz**.

Algunos ejemplos básicos de uso de **tar**:

Creación de una copia de seguridad completa e incremental comprimida con **bzip2** del directorio /home conservando los permisos en el fichero **fecha_hoy_tipo_home.tar.bz2**:

```
tar -cjpf "`date +%d%m%Y`_completa_home.tar.bz2" -g backup_incremental. snap /home
```

Las sucesivas serán:

```
tar -cjpf "`date +%d%m%Y`_incremental_home.tar.bz2" -g backup_incremen- tal.snap /home
```

Restauración de la copia incremental anterior.

Es aconsejable usar un directorio distinto del origen donde están almacenados los datos para no incurrir en posibles errores de sobreescritura. Para ello, se usa el parámetro **-C** para poder indicar un directorio para su extracción.

En primer lugar se extrae la primera copia completa para que se puedan comparar los cambios de la incremental (se utilizarán fechas y nombres de los ficheros como ejemplo, ya que estas dependen del momento de la creación y de la restauración).

```
tar -xjpf 05042025_completa_home.tar.bz2 -C dir_extraccion
```

Se extrae la copia diferencial.

```
tar -gxjpf 05042025_incremental_home.tar.bz2 -C dir_extraccion
```

Realizar una copia de seguridad sin comprimir en una unidad magnética (dispositivo /dev/rmt/0).

```
tar cf /dev/rmt/0 /home
```

En el primer ejemplo se ha mostrado cómo además de crear la copia de seguridad se manipula para reducir el espacio que va a ocupar en disco mediante una técnica de compresión. En el siguiente ejemplo se muestra cómo cifrar dicha copia de seguridad para que no pueda acceder a ella personal no autorizado, y para esto, se puede usar el GnuPG como sistema de cifrado que está disponible para sistemas operativos Windows, Linux, Solaris, *NIX, etcétera.

Se puede hacer partiendo de una copia ya creada:

```
gpg -c 05042025_completa_home.tar.bz2
```

Se introducirá una contraseña y su verificación y generará el fichero **05042025_completa_home.tar.bz2.gpg** que estará cifrado y habrá que borrar **05042025_completa_home.tar.bz2**.

O bien utilizando tuberías:

```
tar -cjpf - /home | gpg -c > "`date +%d%m%Y`_completa_home.tar.bz2.gpg"
```

Nótese que después de las acciones que se le indica a **tar** hay un '-'. Este se utiliza para indicarle al comando **tar** que no escriba el contenedor en el disco y que va a ser procesado por otra aplicación (en este caso GnuPG) y que será la encargada de realizar la escritura en disco después del procesado.

Con esta segunda opción se evita tener que realizar el borrado de la copia de seguridad sin cifrar y se minimiza así un posible fallo de seguridad causado por un simple olvido.

Hay que destacar la existencia de *software* avanzado para la gestión de copias de seguridad en sistemas informáticos grandes. A continuación se citan algunas:

- **Bacula.** Es un conjunto de aplicaciones de código abierto que permite a los administradores del sistema la creación, restauración y verificación de copias de seguridad a través de la red de computadoras con diferentes tipos de sistemas operativos.

- **Amanda (Advanced Maryland Automatic Network Disk Archiver).** Es una solución para copias de seguridad destinada a los administradores de sistemas basada en tecnología cliente/servidor para sistemas operativos Linux, *NIX y Windows.

La calendarización de copias de seguridad se realiza en función de la estrategia de copias de seguridad y a fin de cuentas consiste en establecer una rutina para la realización de copias de seguridad tanto en la forma como en el tiempo según la estrategia de copias.

Aspectos a tener en cuenta para la planificación de la calendarización de copias:

- Es habitual que el proceso de copia de seguridad completa de los datos de un sistema requiera un tiempo excesivo. La solución consiste en realizarla en días y horas que no interfieran en las horas de trabajo de los usuarios del sistema, siendo lo habitual, en fines de semana.

- Es muy recomendable que todos los ficheros estén cerrados cuando se realice el proceso de la copia de seguridad. Para esto la solución consiste, nuevamente, en realizar las copias de seguridad en un horario que no interfiera en las horas de trabajo de los usuarios del sistema.

- Reutilización de los medios de almacenamiento de la copia de seguridad. Lo habitual es usar cintas magnéticas para este fin, y aun siendo otro medio, no es aconsejable usar siempre el mismo medio para evitar que se deteriore y se pierda la copia. Y para evitar que unos se deterioren más que otros se etiquetan y se planifica el uso de cada uno de ellos en el calendario de copias de seguridad.

A continuación se muestra un ejemplo de calendarización de copias de seguridad.

Para el desarrollo de este ejemplo de calendarización, se supondrá una empresa que tiene en la actualidad un volumen total de información de 1 TB y una variación diaria de 2 %. La empresa solo tiene actividad de lunes a viernes y permanece cerrada sábados y domingos.

Todas las copias se iniciarán a la finalización de la actividad de los usuarios del sistema.

Se realizarán copias de seguridad completas todos los sábados y diferenciales a diario, por lo que la estimación de espacio de almacenamiento necesario para las copias de seguridad semanales será:

Copia total inicial = 1 TB

Copias diferenciales = 5 días * 2% * 1 TB = 1 GB

Se usarán:

- 5 cintas magnéticas LTO de la capacidad correspondiente para las copias diarias (diferenciales), una para cada día de trabajo de la empresa que se irán sobrescribiendo.

- 5 cintas magnéticas LTO de la capacidad correspondiente para las copias completas semanales (hay meses con 5 sábados), una para cada fin de semana del mes.

- 24 cintas magnéticas LTO de la capacidad correspondiente para el almacenamiento mensual por duplicado del mes finalizado.

- 1 cinta LTO de la capacidad correspondiente anual para el almacenamiento de la copia de seguridad del año finalizado.

De esta forma, queda cubierto y calendarizado un sistema de copias de seguridad básico con la siguiente rutina:

- Independientemente del día de inicio de la rutina se realiza una copia de seguridad completa como punto de partida y copias diferenciales diarias a la finalización de la actividad de los usuarios en el sistema hasta llegar al primer sábado. A partir de ahí, se realizarán todos los sábados (o viernes cuando finalice la copia diferencial) copias de seguridad completas, y de lunes a viernes a la finalización de la actividad de los usuarios, copias de seguridad diferenciales.

- La copia completa del último sábado se etiqueta como copia completa del mes que finaliza, se duplica y se almacenan en ubicaciones seguras diferentes, y se añade una cinta nueva para volver a tener el juego completo de cintas LTO para las copias completas semanales.

- El primer día del año siguiente se realizará una copia completa que se duplicará y se almacenará, de la misma forma que las completas del mes.

- De esta manera, se podrá acceder a la información de cada día a vista de una semana, a los datos por semanas del mes en curso con la copia completa semanal, a los datos mes a mes del año en curso con las copias completas mensuales y a los datos anuales de años anteriores con las copias completas anuales.

- Para que esto sea posible, hay que ser meticuloso con el desempeño de la rutina y etiquetar debidamente todas las cintas antes de comenzar la rutina para no sobrescribir información erróneamente.

1.3.3. Salvaguarda física y lógica

En un sistema de información la seguridad se compone de tres componentes que deben cumplirse y que son la confidencialidad, la integridad y la disponibilidad.

Para poder realizar un estudio de la seguridad de un sistema de información es necesario analizarla desde dos puntos de puntos de vista: seguridad física y seguridad lógica.

1.3.3.1. Seguridad física

Son mecanismos de control y seguridad dentro y en los alrededores del centro de procesamiento de datos (CPD) donde se encuentra ubicado el sistema de información (SI) con el fin de controlar el acceso a sus instalaciones y proteger el *hardware* y los medios de almacenamiento.

Por tanto, en lo concerniente a la seguridad física, se tomarán medidas para la protección frente a desastres y accesos hostiles que puedan ser provocados por el hombre y por la naturaleza del medio físico donde se encuentra ubicado el centro de procesamiento de datos.

Se entenderán como desastres en la seguridad física los siguientes:

1. Desastres naturales, incendios accidentales, tormentas eléctricas e inundaciones.

2. Amenazas ocasionadas por el hombre.

3. Sabotajes.

Las principales amenazas contempladas en la seguridad física son:

- **Desastres.**

  — **Incendios.** Pueden ser provocados en el interior de las instalaciones o en zonas colindantes y en la medida de lo posible hay que prever soluciones a ambas situaciones. Para el exterior, se pueden construir las instalaciones en un lugar lo más aislado posible, lejos de bosques y sin estar rodeado de materiales de fácil combustión. Si esto no fuera posible, se establecerán medidas contra incendios hacia el exterior del recinto. Para prevenir incendios en el interior, se evitarán materiales de fácil combustión, se aislará la sala que aloja el *hardware* del sistema de información y se establecerán medidas contra incendios, que no dañen el *hardware,* como la extracción del oxígeno de la sala.

  — **Inundaciones.** Pueden ser ocasionadas por causas naturales tales como lluvias torrenciales, rotura de tuberías o por el agua que baje como causa del apagado de un incendio en plantas superiores. Para prevenir, en la medida de lo posible, inundaciones por causas naturales, se ha de estudiar la situación geográfica y evitar la ubicación del CPD en la cercanía de ríos y posibles zonas de afluencia de agua. Para evitar inundaciones por roturas de tuberías o extinción de incendios, se puede revestir la sala que alberga el *hardware* del sistema de información de material impermeable.

  — **Desastres naturales (terremotos, tifones, tempestades, etc.).** Existen datos que reflejan los lugares donde es más frecuente la existencia de estos desastres y cómo es imposible evitar que ocurran y no se pueden tomar medidas de prevención; la solución radica en evitar estas ubicaciones para la instalación de un CPD.

- **Instalaciones eléctricas.** Es de suma importancia que la instalación eléctrica sea de calidad y cumpla las normas de seguridad industrial. Existe una serie de aspectos a tener en cuenta en las instalaciones eléctricas:

  — **Evitar picos** (subidas y caídas de tensión) **y ruidos electromagnéticos,** ya que estos interfieren en el funcionamiento de los dispositivos electrónicos y obstaculizan los sistemas de almacenamiento de datos.

  — **Cableado.** Existen diversos problemas relacionados con el cableado en las instalaciones, pero el que se podría considerar como desastre es la interferencia de los cables que forman parte del sistema de comunicaciones (redes LAN y coaxial) provocada por cables eléctricos de alto voltaje, y, por eso, es necesaria la instalación por separado de ambos cableados, con suficiente separación y por tubos específicos.

  — **Suministro eléctrico.** Es frecuente una caída en el sistema eléctrico debida a una sobrecarga, rotura o corte del suministro. Para evitar esto, se instalan sistemas de alimentación ininterrumpida, conocidos por las siglas SAI (*Uninterruptible Power Supply,* UPS), y grupos electrógenos, para garantizar el suministro eléctrico en caso de un corte de suministro prolongado.

- **Acciones hostiles derivadas de robo, fraude o sabotaje.** Los componentes electrónicos de un sistema de información son caros y por tanto son objeto de robo; de la misma forma, y en la mayoría de los casos, la información que almacenan es incluso más importante y este motivo también es causa de robo. El fraude también está a la orden del día; hay empleados que pueden querer obtener ingresos por la venta de información a la competencia. Otro aspecto importante es el sabotaje por parte de la competencia o incluso por un trabajador descontento. Por esto se establecen sistema para el control de acceso a las instalaciones del centro de procesamiento de datos.

El control de acceso requerirá de alguna medida de identificación y además irá asociada a la apertura o cierre de puertas en función de su acreditación. Se podrán aplicar restricciones de tiempo para determinadas áreas de las instalaciones para minimizar posibles robos de información o acciones para el sabotaje.

Algunas de las medidas que se aplican para el control de acceso son:

- **Personal de vigilancia.** Puede pertenecer a la propia empresa o a una empresa externa. Este personal se encarga del control de acceso de vehículos al recinto y de las personas, tanto de las pertenecientes al CPD como del personal ajeno autorizado. Además, será el encargado de identificar y proporcionar las acreditaciones correspondientes a cada persona que acceda a las instalaciones.

— **Sistemas de autenticación clásico.** Destacan los sistemas de identificación por tarjetas con o sin PIN (*Personal Identificacition Numbe*r) y panel con teclado para introducción de una clave de acceso. Son muy vulnerables y en la actualidad se están sustituyendo por sistemas biométricos.

— **Sistemas biométricos.** Los sistemas biométricos aplican técnicas matemáticas y estadísticas acerca de los rasgos físicos o de conducta de un individuo para su autenticación mediante dispositivos electrónicos. Para que esta autenticación pueda llevarse a cabo, primero se almacenan en una base de datos los patrones y características físicas cifrados de una persona y se comparan con las obtenidas por los lectores biométricos. La principal ventaja es la eliminación de la tarjeta de acceso que es fácilmente falsificable. Como sistemas biométricos en la actualidad destacan:

  - **Huella digital.** Se basa en el principio de que no hay dos huellas dactilares iguales y realiza una lectura de las minucias (arcos, bucles, remolinos, etc.) de la huella digital.

  - **Reconocimiento facial.** Se fundamenta en el principio de que no hay dos rostros idénticos y lleva a cabo un análisis de características faciales únicas, como la disposición de los ojos y la distancia entre ellos, la forma de la nariz, el contorno de la boca, entre otros.

  - **Verificación de patrón voz.** Se basa en la forma de pronunciar una frase. Para realizar la autenticación se compara la pronunciación con la almacenada en la base de datos.

  - **Verificación de patrón ocular.** En la actualidad se considera el más efectivo y se basa en la comparación de los patrones del iris o de la retina.

— **Sistemas de protección electrónica.** Son sistemas de protección que mediante sensores activan alarmas que pueden conllevar acciones. Estos sistemas están conectados a una central que controla las medidas que hay que tomar.

  - **Barreras electrónicas y microondas.** Transmiten haces de luces infrarrojas y de microondas respectivamente y están compuestas por emisores y receptores. Cuando el haz es interrumpido provoca la activación de una alarma y continúa en estado de alerta. La principal ventaja en las barreras infrarrojas es que pueden cubrir distancias de hasta 150 metros y las de microondas no tienen interferencia en con las frecuencias de radio.

- **Detectores por ultrasonidos.** Se utilizan equipos de ultrasonidos para crear campos de ondas y de esta forma cualquier movimiento dentro de dicho campo generará una anomalía en él y se provocará la activación de una alarma. La principal ventaja es la detección de falsas alarmas.

- **Detectores pasivos.** Son elementos que envían señales de control a la central de control y generalmente no requieren de alimentación.

   Estos detectores pueden ser de aperturas de puertas, rotura de cristales y de vibraciones.

- **Emisiones acústicas y luminosas.** Son elementos acústicos como campanas, sirenas, timbres, etc., y lumínicos como faros rotativos, balizas, luces intermitentes, etc. Deben seguir los estándares para que sean distinguidos por el personal de seguridad y puedan diferenciar si se trata de un robo, incendio, etcétera.

- **Circuitos cerrados de televisión.** Se trata de sistema de cámaras de vídeo estratégicamente situadas en las instalaciones y conectadas a un sistema de monitorización y grabación que se ubicará en un lugar seguro.

Después de haber mencionado las causas más relevantes por las que es necesaria la seguridad física, así como sus posibles barreras o medidas de protección, es importante destacar que el diseño del sistema de seguridad física se realizará en función de un análisis previo y, sobre todo, de lo que la legislación vigente exige dependiendo de la sensibilidad de la información almacenada.

También es importante aplicar el sentido común, ya que hay medidas de seguridad que pueden no ser útiles, al menos por probabilidad, ya que, por ejemplo, no será necesario aplicar medidas de seguridad ambientales en zonas donde no se tiene constancia de que hayan ocurrido anteriormente.

1.3.3.2. Seguridad lógica

La seguridad lógica consiste en la aplicación de barreras y procedimientos que aseguren el acceso a los datos y que solo puedan ser realizados por las personas autorizadas.

La seguridad lógica trata de asegurar lo que la seguridad física no puede asegurar porque las barreras físicas, o son inútiles, o no se pueden implementar para evitar una determinada forma de acceso a la información.

Los principales objetivos de la seguridad lógica son:

1. Restringir acceso a aplicaciones y archivos.

2. Asegurar que los operadores solo puedan modificar las aplicaciones y los archivos para los que les esté permitido.

3. Asegurar que los datos y las aplicaciones se están usando de forma correcta y por los procedimientos que se han establecido.

4. Asegurar que la información transmitida solo la pueda recibir el destinatario al que ha sido enviada.

5. Asegurar que la información transmitida sea la misma que ha sido enviada y no ha sido alterada.

6. Asegurar la existencia de medidas secundarias para garantizar la transmisión de información entre diferentes puntos.

Como máxima en la seguridad lógica, se puede establecer que por defecto el acceso debe estar restringido a todo y a todos, permitiendo solo el acceso a la información necesaria y a las personas a las que se les ha permitido el acceso a dicha información.

Para esto se establecerán controles de acceso. Estos pueden ser implantados en el sistema operativo, en las aplicaciones, en bases de datos, en paquetes de seguridad, etc. Mediante estos controles de acceso se evita el acceso a la información a usuarios no autorizados. Existe otra cuestión respecto al acceso a la información, que hace referencia a la determinación, de si se le otorga acceso a la información que un usuario ha solicitado.

A continuación se describen algunos requisitos mínimos de seguridad que todo sistema debe cumplir:

- **Identificación y autenticación.** Es la primera barrera de la línea de defensa de casi todos los sistemas de información y trata de impedir el acceso a personas no autorizadas. Se realiza en dos fases: 1) la identificación, que es el momento en el que el usuario se presenta al sistema; 2) y posteriormente la autenticación que es la verificación que el sistema realiza sobre la identificación. Existen cuatro tipos básicos de realizar la autenticación:

    — Por sistema de clave secreta, PIN, llave de criptografía, etcétera.

    — Mediante una tarjeta de acceso.

    — Sistemas biométricos: huellas dactilares, voz, lectura de patrones de retina o iris.

    — Sistemas de reconocimiento de firmas.

Este proceso requiere de un mantenimiento por parte de los administradores del sistema:

— Se debe seguir un protocolo para el proceso de solicitud, establecimiento, manejo, seguimiento y cierre de las cuentas de los usuarios.

— Tareas de revisión mediante auditorías sobre las cuentas y permisos de forma que se asegure que cada cuenta de usuario conserva los permisos mínimos que requiere basados en su función.

— Búsqueda de actividades no autorizadas mediante auditorías.

— Reasignación de permisos y accesos en caso de que el usuario cambie sus funciones.

— Procesos necesarios para la desactivación de la cuenta de acceso al sistema estableciendo el tipo de desactivación en función del cambio de estado del usuario en la empresa. Si el usuario está en período vacacional, se realizará una desactivación temporal entre las fechas de inicio y fin de su período vacacional; si el usuario es despedido, se procederá a la desactivación de la cuenta antes de la notificación de despido, etcétera.

- **Roles.** El acceso a la información debe estar vinculado a la función del usuario en el sistema y definir así los accesos al sistema en función del tipo de rol del usuario. Pudiendo establecer de esta forma roles para la gerencia, contabilidad, administración del sistema, programación, etcétera.

- **Limitaciones a los servicios**. Permite establecer límites en la ejecución de servicios del sistema; de esta forma, se puede limitar el número máximo de conexiones totales, el número máximo de conexiones por usuario, definir una lista de usuarios y grupos con acceso al sistema a través de un determinado servicio, etcétera.

- **Modalidad de acceso.** Define el modo en el que el usuario accede al sistema de información. Los posibles modos se definen a continuación:

— **Lectura.** El usuario podrá acceder a la información sin posibilidad de modificarla. Esto implica que, salvo que haya otra medida de seguridad que lo evite, el usuario podrá copiar o imprimir la información.

— **Escritura.** Permite al usuario el acceso para agregar, modificar o borrar información.

— **Ejecución.** Otorga al usuario privilegio para ejecutar aplicaciones.

Es posible la asignación de combinaciones de las anteriores e incluso la asignación de todas ellas. Existen modalidades específicas de acceso que conciernen a las aplicaciones:

— **Creación.** Permite a los usuarios crear nuevos archivos, registros o campos. Es muy utilizado en sistemas gestores de bases de datos (SGBD).

— **Búsqueda.** Permite a los usuarios listar los archivos de un directorio. Generalmente es propio de los sistemas operativos.

- **Ubicación y horario.** Se establecen ubicaciones físicas para los accesos de las personas a la información y al sistema, de esta forma se puede establecer que un determinado usuario solo pueda acceder al sistema de información desde su puesto de trabajo, desde una localización geográfica determinada o desde cualquier ubicación. Dos ejemplos sencillos: es lógico que el administrador del sistema pueda tener acceso desde cualquier ubicación para poder solucionar una incidencia desde el lugar donde se encuentre, sin embargo, también es lógico que un usuario que accede a información muy sensible solo tenga acceso desde dentro de las instalaciones para evitar robos de información.

También se pueden aplicar restricciones horarias evitando así conexiones fuera del horario de trabajo. Las restricciones horarias se aplican a horas y días.

- **Control de acceso interno.** Son las medidas de control que se implementan para el control de los usuarios a la información dentro del sistema. Generalmente se establecen medidas de acceso como:

— **Contraseñas.** Se utilizan para la autenticación de los usuarios al sistema, a la información, a un servicio, a una aplicación del sistema, etc. Desde siempre este sistema de seguridad ha sido muy vulnerable por la simplicidad que el usuario escoge a la hora de elegir la contraseña. Es tarea del administrador del sistema establecer reglas para que el usuario elija claves seguras; estas reglas consisten en impedir contraseñas que estén en diccionarios, en el cumplimiento de longitud y complejidad mínima. También se deben establecer políticas de caducidad para obligar a cambiar la contraseña cada cierto tiempo, con esto se consigue que cualquier persona que usurpe la identidad de otro usuario no pueda continuar usándola indefinidamente.

— **Cifrado.** Además del cifrado del sistema de almacenamiento, es conveniente que cada usuario cifre su información, de forma que si se hubieran establecido erróneamente permisos de acceso a ficheros de información, a esta solo pueda acceder el usuario que posee la clave de cifrado.

— **Listas de control de accesos** o ACL (*Access Control List*). Se aplican a diversos ámbitos, servicios, redes, sistemas de archivos, etc. En este caso serán vistas desde el punto de vista de acceso a objetos del sistema. Serán registros que vinculan permisos de grupos o usuarios con objetos del sistema tales como ficheros, ejecución de determinadas aplicaciones, procesos, etc. De esta forma, se pueden establecer los permisos de acceso a los recursos del sistema de una forma más flexible y potente.

— **Límites sobre la interfaz de usuario.** Son listas de control de acceso pero sobre objetos de aplicaciones permitiendo establecer controles de acceso a las diferentes partes de una aplicación.

- **Control de acceso externo.** Hoy en día, en la mayoría de los sistemas es necesario el acceso al sistema desde el exterior y es necesario establecer medidas de control de acceso al sistema desde el exterior. Algunas de las principales medidas son:

  — **Cortafuegos (*firewalls*).** Establecen el control de acceso entre dos o más redes. Generalmente entre la red interna del sistema y el exterior (generalmente Internet) y viceversa. Se puede establecer a qué servicios se puede acceder desde el exterior y desde qué ubicaciones para evitar el acceso de personas no autorizadas a la información. De la misma forma, se pueden establecer controles de acceso a la red exterior para evitar el envío de información sensible al exterior.

  — **Acceso de personal externo.** En muchas empresas es necesaria la contratación de personal externo para diversas tareas como mantenimiento de *hardware* remotamente, soporte remoto de aplicaciones adquiridas, etc. Este personal externo, en caso de existir, debe tener perfiles de acceso muy restringidos y su actividad debe ser supervisada por la administración del sistema y registrada para una auditoría posterior.

  — **Accesos públicos.** Hay sistemas que prestan servicios a usuarios externos al sistema y que tienen acceso a determinada información, y por eso se debe prestar especial atención a los controles de acceso de este perfil para evitar ataques con el consiguiente impacto negativo que puede provocar.

- **Administración.** Para comenzar a definir la seguridad lógica y establecer los controles de acceso necesarios, es imprescindible realizar un análisis de la información a la que debe acceder cada usuario y para esto se puede seguir el siguiente protocolo:

  — **Definición de puestos de trabajo.** Hay que definir de forma genérica las funciones de cada puesto de trabajo y asignar el mínimo permiso para que sea posible el desempeño de cada función de un determinado puesto de trabajo y que el usuario pueda realizar las tareas que tiene asignadas.

— **Determinación de la sensibilidad del puesto.** Los puestos que tengan acceso a información sensible o acciones de riesgo para el sistema deberán definirse con más atención y diferenciándolos completamente de los otros puestos.

— **Elección de la persona para cada puesto.** Hay que prestar atención a los conocimientos técnicos de la persona que desempeñará la función para poder realizar la formación.

— **Formación del usuario.** Es necesaria una formación inicial del usuario para que pueda desempeñar las funciones que le han sido asignadas; de la misma forma, a medida que el sistema crece y tiene más funcionalidades, o bien al usuario se le asignan más funciones, el usuario debe continuar con la formación. Por tanto, debe existir, además de la formación inicial, formación continua.

Por consiguiente, que para que esto se pueda llevar a cabo, debe existir un equipo de personas de la empresa que gestione estas funciones.

1.3.4. Salvaguarda a nivel de bloque y fichero

En secciones anteriores se ha descrito el proceso de copia de seguridad de la información, pero en numerosas ocasiones es necesario hacer copias de seguridad de un sistema de ficheros completo. Para esta operación hay dos formas de realizarlo y la decisión de utilizar una u otra va a depender de lo que se necesite obtener.

• **Salvaguarda a nivel de bloque.** Realiza una copia completa del sistema de archivos e incluso de un dispositivo de almacenamiento completo (independientemente de sus particionamiento). Este sistema de salvaguarda es especialmente útil cuando se necesita realizar una copia completa de un dispositivo de almacenamiento que además de información contiene el sistema operativo y/o aplicaciones, ya que, para su restauración al completo, no basta con la simple copia de los archivos que debe contener. En los sistemas operativos Linux, Solaris y *NIX esta operación de salvaguarda a nivel de bloque se realiza con el comando **dd** y para la restauración **ddrescue,** ambos disponibles bajo licencia GNU. Para realizar este proceso en los sistemas operativos de la familia Windows, es necesario utilizar aplicaciones de terceros como Acronis (licencia privada) o Clonezilla (licencia GNU).

Este tipo de copias de seguridad se realiza de forma secuencial y puede ser mucho más rápido que la lectura fichero a fichero, evitando así la pérdida de rendimiento que ocasiona la fragmentación en un sistema de archivos al realizar la copia de seguridad de ficheros. El inconveniente de este tipo de copias es que, si el dispositivo contiene pocos ficheros, el proceso de salvaguarda puede ser más lento que el de salvaguarda de ficheros debido a que también hay que leer los bloques vacíos. Para solucionar esto, hay sistemas de ficheros, como XFS, que integran una utilidad que realiza una lectura del disco completo de forma secuencial y que está optimizada para no leer los bloques sin utilizar.

Uso básico del comando **dd**:

---

dd if=<entrada/origen> of=<salida/destino> [OPCIONES]

---

if fichero de entrada, puede ser un dispositivo.

of fichero de salida, puede ser un dispositivo. Opciones básicas

— **ibs=bytes** indica el tamaño de bloque en *bytes* para la entrada. Por defecto es 512 *bytes.*

— **obs=bytes** indica el tamaño de bloque en *bytes* para la salida. Por defecto es 512 *bytes.*

— **bs=bytes** sobrescribe los tamaños de **ibs** y **obs** por el valor indicado en *bytes.*

Ejemplo básico para realizar una copia de seguridad a nivel de bloque de un dispositivo de almacenamiento completo; en este caso, un disco duro serialATA conectado en el bus 1, en otro disco duro serialATA conectado en el bus 2 y obteniendo dos discos idénticos:

---

dd if=/dev/sda of=/dev/sdb

Ahora se realizará lo mismo pero, en lugar de un segundo disco duro con una copia idéntica, la copia se generará en un fichero en bruto (raw) que se almacenará en el dispositivo de almacenamiento montado en el punto de montaje /mnt con nombre **copia_disco1_completo.img**:

---

dd if=/dev/sda of=/mnt/copia_disco1_completo.img

Ahora se realizará una copia de la partición 2 en un fichero en bruto almacenado en un dispositivo de almacenamiento montado en el punto de montaje /mnt con nombre **copia_disco1_particion2.img**:

---

dd if=/dev/sda2 of=/mnt/copia_disco1_particion2.img

Finalmente, como ejemplo para restaurar la copia de seguridad se utilizará también el comando **dd** para restaurar la copia completa generada anteriormente en formato *raw* (copia_disco1_completo.img) en un disco serialATA conectado en el bus 3:

---

dd if=/mnt/copia_disco1_completo.img of=/dev/sdc

- **Salvaguarda a nivel de fichero.** En muchos casos es más óptimo realizar copias de seguridad en ficheros, sobre todo cuando el sistema de ficheros solo contiene datos. Esto se puede realizar mediante copia de ficheros a otro dispositivo de almacenamiento, a otra computadora. Esta copia se puede realizar copiando directamente los ficheros o mediante un archivado como se explicó en secciones anteriores.

  Un ejemplo de utilización de este tipo de salvaguarda es la copia de seguridad del sistema de archivos que contiene los directorios de los usuarios en sistemas operativos Linux, Solaris y *NIX, y que generalmente está montada en el punto de montaje /home. En la mayoría de los casos no será necesario realizar una salvaguarda a nivel de bloque y bastará con realizarla a nivel de fichero.

  En sistemas Linux, Solaris y *NIX esto se puede realizar mediante copia directa de archivos utilizando el comando de copia de ficheros **cp**.

La sintaxis básica del comando **cp** es:

---

cp [OPCIONES] origen destino

Opciones:

- **-r, -R, --recursive** copia los directorios recursivamente.
- **-f, --force** si el destino no puede ser abierto, lo elimina e intenta de nuevo la copia.
- **-i, --interactive** pregunta antes de sobrescribir.

Como ejemplo se generará una copia del directorio **Documentos** que se encuentra en el directorio personal del **usuario4**. La copia se generará en el propio directorio personal del **usuario4** con el nombre **fecha_actualDocumentos**.

---

cp -r /home/usuario4/Documentos "/home/usuario4/`date +%d%m%Y`Documentos"

En muchos casos, existe una computadora destinada al almacenamiento de las copias de seguridad y es necesario realizar la copia directamente a una máquina remota. Existen varios sistemas para realizar esta operación en sistemas Linux, Solaris y *NIX, entre otros destaca **scp.**

El comando **scp** permite realizar copias de ficheros y directorios de forma recursiva desde una computadora a otra mediante una conexión segura usando el protocolo SSH (Secure Shell). El uso básico de este comando es parecido al de **cp,** pero asignando correctamente el origen y el destino. Este comando y el protocolo SSH se incluyen en los sistemas Linux, Solaris y *NIX, y además existen implementaciones tanto del servidor SSH como de los clientes para sistemas operativos de la familia Windows que nos permiten usar este sistema pero de una forma gráfica; como es lógico, conlleva un aumento del consumo de los recursos del sistema en su utilización.

Uso básico de **scp:**

```
scp [OPCIONES] origen destino
```

origen y **destino** pueden ser locales (el propio *host*) en cuyo caso se indica la ruta del fichero o directorio que se desea copiar en el sistema de ficheros local o remoto. Además de indicar la ruta donde se almacenará la copia en el *host* remoto, se indican el usuario y el *host.*

La sintaxis para el uso de una ruta en un *host* remoto es la siguiente:

```
[[usuario@]host:]fichero
```

Aparecen entre corchetes tanto el usuario como el *host* porque ambos son opcionales, pero no tiene sentido especificar un usuario sin un *host.* Si no se especifica el usuario, por defecto usará el que está autenticado en la terminal. Se añade una arroba (@) al final para indicar la finalización del nombre del usuario y especificar el *host* al que pertenece dicho usuario.

El *host* se puede especificar tanto en el origen como en el destino, e incluso en ambos. Se puede especificar mediante una dirección IPv4, IPv6 o una dirección con nombre de *host* y dominio cualificado, la especificación del *host* terminará con el carácter dos puntos (:) para indicar que comenzará una ruta en el sistema de archivos.

Opciones básicas:

- **-l límite.** Limita el uso del ancho de banda y se especifica en kbit/s. Es especialmente útil cuando hay que realizar copias de ficheros en las horas de más uso de la red para no colapsarla.

- **-P puerto**. Especifica el puerto en el que se debe hacer la conexión en *host* remoto.

- **-r**. Copia recursiva del contenido de los directorios.

Gracias a las posibilidades que ofrece **scp** y los sistemas operativos Linux, Solaris y *NIX, se pueden hacer implementaciones para automatizar un sistema de copias de seguridad de computadoras en red y que no necesariamente deben estar en la misma LAN, mediante la correcta configuración del servicio OpenSSH en las computadoras de la red, el uso de un *script* sencillo y el uso básico del programador de tareas del sistema.

Ejemplos:

- Copia del directorio personal del **usuario 4** al *host* remoto **servidor_copias** en el directorio **/backups/equipo1/** con el usuario **backuphost1**. Se solicitará la contraseña del usuario **backuphost1** (que está dado de alta en el *host* remoto **servidor_copias**).

> **scp -r ~ backuphost1@servidor_copias:/backups/equipo1/**

- Copiar del *host* remoto **servidor_copias** el fichero con ruta **/backups/equipo1 /usuario4/Documentos/doc1.txt** al mismo directorio pero local; con esto se pretende recuperar un fichero que forma parte de la última copia de seguridad y que ha sido borrado por accidente. Se solicitará la contraseña del usuario backuphost1 (que está dado de alta en el *host* remoto **servidor_copias**). El sistema solicitará la contraseña del usuario **backuphost1**.

> **scp backuphost1@servidor_copias:/backups/equipo1/usuario4/ Docmentos/ doc1.txt ~/Documentos/doc1.txt**

- Suponga que ahora quiere realizar lo mismo que en el primer ejemplo, pero desde un tercer *host.* Tras ejecutar el comando, el sistema solicitará primero la contraseña del **usuario4** para autenticar en el *host* **equipo1,** y si se realiza la autenticación correctamente, solicitará la contraseña del usuario **backuphost1** para autenticar en el *host* **servidor_copias.** Además de cómo se muestra en este comando, es posible realizar el archivado con el comando **tar,** tal y como se vio en las secciones 1.1.3.2 y 1.3.2.

> **scp -r usuario4@equipo1:~/ backuphost1@servidor_copias:/backups/ equipo1/**

1.3.5. Conceptos de alta disponibilidad. Diferencias entre clúster, *grid* y balanceo de carga

Alta disponibilidad (*high availability*) es una característica de un sistema, cuyo objeto busca garantizar la disponibilidad operacional para un período dado, generalmente continuo. Se suele utilizar la expresión 24/7 que hace referencia a que el sistema permanece prestando servicio 24 horas los 7 días de la semana.

El diseño de un sistema de alta disponibilidad debe cumplir tres aspectos:

- **Eliminación de los puntos de fallo únicos.** Esta tarea se debe llevar a cabo tal y como se describió en la sección 1.3.1 de este mismo capítulo. Esto quiere decir que se añadirán los elementos necesarios para redundar los elementos del sistema considerados como puntos únicos de fallo. De esta forma se evita que haya un fallo global en el sistema.

- **Fiabilidad en el procesamiento de datos.** En sistemas *multithreaded* (multihilo a través de los nodos de un clúster) la unión de los datos entre los nodos suele ser un punto de único de fallo y por eso hay que prestar especial atención en su diseño e implementación.

- **Detección de los fallos que se produzcan.** Según los dos puntos anteriores, frente a un fallo el usuario nunca lo apreciaría, de esta forma se pueden realizar las tareas de mantenimiento y/o reparación, mientras el sistema continúa prestando servicio.

Terminologías asociadas a la alta disponibilidad son:

- *Unavailable:* sistema no disponible o fuera de servicio.

- *Downtime:* tiempo que el sistema permanece sin prestar servicio o no disponible.

  Dos términos asociados al anterior son: **scheduled** and ***unscheduled downtime.*** Se corresponden con los tiempos en que el sistema no está disponible, bien por tareas de mantenimiento programadas, o bien por fallos provocados por algún tipo de mal funcionamiento en el sistema.

- *Unscheduled downtime:* cuando ocurre un fallo en el sistema y se interrumpe el servicio, se debe procurar realizar la operación de mantenimiento lo más rápido posible para que dicho tiempo sea el menor posible y para ello es necesarios mantener un stock de componentes de repuesto para componentes críticos del sistema.

- *Scheduled downtime:* en todos los sistemas es necesario realizar tareas de mantenimiento rutinarias como aplicación de parches (*patches*) tanto a nivel de *software* como de *hardware,* actualizaciones, mejoras, etc. Muchas de ellas se podrán realizar por fases y evitar que el sistema quede fuera de servicio, pero existen numerosos casos en los que es necesario detener o reiniciar el sistema quedando fuera de servicio por un período de tiempo. Estos son los tiempos de no disponibilidad programados (*scheduled downtime*).

- **Uptime:** corresponde con el tiempo de actividad ininterrumpida del sistema.

En sistemas de alta disponibilidad estos tiempos se cuantifican y se expresan en porcentajes de tiempo anuales. En la siguiente tabla se pueden observar algunos de estos tiempos:

Disponibilidad (%)	Falta disponibilidad (tiempo)			
	Por año	Por mes	Por semana	Por día
90 % ("un nueve")	36,5 días	72 horas	16,8 horas	2,4 horas
99 % ("dos nueves")	3,65 días	7,20 horas	1,68 horas	14,4 minutos
99,9 % ("tres nueves")	8,76 horas	43,8 minutos	10,1 minutos	1,44 minutos
99,99 % ("cuatro nuevos")	52,56 minutos	4,38 minutos	1,01 minuto	8,66 segundos
99,999 % ("cinco nueves")	5,26 minutos	25,9 segundos	6,05 segundos	864,3 milisegundos
99,9999 % ("seis nueves")	31,5 segundos	2,59 segundos	604,8 milisegundos	86,4 milisegundos
99,99999 % ("siete nueves")	3,15 segundos	262,97 milisegundos	60,48 milisegundos	8,64 milisegundos
99,999999 % ("ocho nueves")	315,569 milisegundos	26,297 milisegundos	6,048 milisegundos	0,864 milisegundos
99,9999999 % ("nueve nueves")	31,5569 milisegundos	2,6297 milisegundos	0,6048 milisegundos	0,0864 milisegundos

Se observa cómo pequeñas variaciones entre porcentajes cuantifican diferencias de tiempo considerables, como ejemplo la comparación entre el 99 % y el 99,9 % refleja una diferencia de *downtime* anual de 3,285 días.

Estos tiempos referentes al porcentaje de disponibilidad se expresan como orden de magnitud tomando como referencia el número de nueves, así 99,9 % tiene magnitud 3 al tener tres nueves. A medida que aumenta esta magnitud de 9, disminuye el índice de *unavailability*. Así por ejemplo para una magnitud de nueves de 5 (99,999 %) el índice de *unavailability* es de 0,001 %.

En la práctica, es muy complicado cuantificar en estos índices, por lo que se recurre a utilizar términos, que también se utilizan en mantenimiento de equipos y plantas industriales, estos son MTBF, MTTF y MTTR.

- **MTBF.** Se corresponde con el acrónimo derivado del inglés mean time *between failures* y que es la media aritmética del tiempo promedio entre fallos de un sistema para componentes que se pueden reparar. Como es lógico, en un sistema con alta disponibilidad la tendencia de MTBF debe ser cero.

- **MTTF.** Similar a MTBF, pero contemplando los casos en los que el componente del sistema averiado no puede ser reparado.

- **MTTR.** Se contempla en los casos en los que el componente averiado puede ser reparado y mide el tiempo de dicha reparación incluyendo todas las tareas necesarias hasta que el sistema quede en ejecución nuevamente, incluso si fuera necesario, la recuperación de la información.

A continuación se describen las principales causas que provocan la falta de disponibilidad de un sistema:

- Falta de estudio de los requisitos de los componentes del sistema que se deben adquirir para la implementación del sistema.

- Fallos en la red de cualquier índole.

- Fallos en las aplicaciones internas.

- Servicios externos que puedan fallar.

- Fallos provocados por el entorno físico.

- Fallos en la rutina de copias de seguridad.

- Falta de previsión en el proceso de recuperación de copias de seguridad.

- Ubicación física del CPD inadecuada.

- Falta de redundancia del CPD.

- Falta de redundancia en el sistema de almacenamiento.

- Fallos en la seguridad lógica.

Por tanto, es imprescindible prestar especial atención a estas causas en el proceso del diseño de un sistema con alta disponibilidad. Cuando el sistema está en producción (funcionamiento) no deben descuidarse y también es necesaria la monitorización y supervisión.

Las principales soluciones a la problemática son:

- Elección adecuada de la ubicación y entorno del CPD.

- Redundancia de todos los elementos que componen el CPD e incluso el propio CPD en una ubicación geográfica diferente y los sistemas de comunicaciones, tanto internos como externos.

- Sistemas eléctricos autónomos.

- Implementación de balanceadores de carga para el reparto de conexiones.

- Evitar servicios externos y, en caso de necesitarse, se prestará especial atención a su monitorización y mantenimiento.

- Establecer y verificar la estrategia de copias de seguridad y realizar pruebas de recuperación.

- Verificar que el sistema de almacenamiento de información está redundado y replicado en otro CPD.

- Verificación de los sistemas de redundancia para prevenir fallos.

- Realizar simulaciones para evaluar si la respuesta real corresponde con las especificaciones teóricas del diseño.

- Establecer correctamente las políticas referentes de la seguridad lógica de forma que sean lo más restrictivas posible.

- Establecer planes de mantenimiento del sistema.

A continuación se van introducir algunos conceptos íntimamente relacionados con el concepto de alta disponibilidad y que suelen usarse como sistemas de computación que forman parte de un sistema en alta disponibilidad.

- **Clúster.** Es un término procedente del inglés, cuya traducción al castellano es 'grupo' o 'conjunto'. Es un término muy usado en informática, se utiliza para denominar, como sinónimo, el bloque en los sistemas de ficheros; también se utiliza para denominar conjuntos de computadoras que trabajan con un fin común y que están interconectadas.

  Una definición formal: un clúster en informática es un conjunto de computadores interconectados por una red de alta velocidad y que se comportan como si fueran uno solo para aumentar las prestaciones de un sistema.

  Existen tres tipos de clústeres de ordenadores:

  — **Clústeres de alto rendimiento** (*High Performance Computing Clusters,* HPCC). Son clústeres donde se busca aumentar las prestaciones del servicio o servicios que van a prestar, debido a que una sola computadora no tiene recursos *hardware* suficientes para poder realizar la cantidad de procesamiento para la que se ha diseñado el sistema. En la actualidad existen procesamientos sobre el protocolo HTTP para páginas web, para bases de datos, para servidores de nombre de dominio (DNS), servidores de correo electrónico, etc. Donde lo que se busca con el uso de clústeres es aumentar el número de conexiones simultáneas posibles para prestar servicio de forma simultánea a más usuarios. También existen clústeres de almacenamiento donde, además de buscar el aumento del número de conexiones simultáneas, se busca el aumento del espacio de almacenamiento. Es frecuente la combinación de varios de estos clústeres para prestar un servicio de ámbito general como puede ser una página web con comercio electrónico de ámbito mundial, donde se dará el caso de usar un clúster/clústeres para almacenamiento, un clúster para bases de datos, otro para procesamiento web, para el correo electrónico, para el servicio de nombres de dominio, etcétera.

— **Clústeres de alta disponibilidad** (*High Availability Computing Clusters*, HACC o HA). Estos clústeres están diseñados para mantener disponible una serie de servicios compartidos mediante una monitorización constante. Este tipo de clústeres son capaces de detectar si se produce un fallo de *hardware* o de *software* en cualquiera de las máquinas y transferir el procesamiento a cualquiera de las otras máquinas del clúster y volver a su estado inicial cuando se recupere del fallo, asegurando que no haya pérdida de información y el usuario no note que ha habido un fallo. Estos se diferencian de los anteriores claramente, ya que no buscan el aumento de la capacidad de procesamiento, sino mantener los servicios disponibles. En la práctica es frecuente la combinación de ambos, un clúster de alta disponibilidad capaz de monitorizar y gestionar la disponibilidad del clúster de alto rendimiento, pero para eso han de estar claramente separados y diferenciados para que su funcionamiento sea óptimo.

— **Clústeres de alta eficiencia** (*High Throughput Computing Clusters*, HTCC o HT). Se utilizan en el ámbito científico y se emplean para obtener altas prestaciones de cálculo. Se recurre a este tipo de clústeres cuando los costes de la computadora para poder realizar los cálculos exceden de precio o no se puede implementar una computadora con esas prestaciones.

Componentes básicos de un clúster:

— **Nodos.** Son los computadores que integran el clúster y los que, por lo general, no necesitan tener conectados ni teclado, ni ratón, ni pantalla.

— **Almacenamiento.** Este se puede implementar de varias formas, mediante un NAS o un SAN o incluso utilizar el almacenamiento interno de cada nodo. Cuando el sistema de almacenamiento se implementa en red, el protocolo que más se utiliza es NFS (Network File System).

— **Sistema operativo.** Debe ser un sistema operativo multiproceso, multiusuario y estable.

— **Conexiones de red.** Los nodos del clúster deben comunicarse entre ellos y deben hacerlo mediante el uso de redes de alta velocidad. Es posible utilizar una red Ethernet, pero es preferible utilizar redes con mayores tasas de transferencia como Fast Ethernet, Gigabit Ethernet, etcétera.

— **Middleware.** Se trata de un *software* específico que proporciona la infraestructura necesaria que interactúa entre las aplicaciones y el sistema operativo.

Una característica muy importante que poseen los clústeres, es la escalabilidad y que consiste en la capacidad de crecer para aumentar las prestaciones del mismo, de forma automática. La gestión de esta característica la lleva adelante el *software* Middleware.

— *Grid.* El sistema de computación *grid* es un conjunto de recursos de computadores localizados en ubicaciones distintas con el fin de alcanzar un objetivo común. Dicho de otra forma, es un sistema de computación distribuido de computadoras ubicados en localizaciones geográficas diferentes con el objetivo de resolver problemas a gran escala.

Este sistema de computación tiene como peculiaridad la heterogeneidad de los recursos que se comparten, ya que se pueden compartir recursos *hardware* desde computadoras, *software,* datos, instrumentos especiales como telescopios, etcétera.

Es una tecnología de computación muy flexible, potente y sobre todo altamente escalable.

Un ejemplo de un proyecto muy importante que basa su funcionamiento en el sistema de computación *grid,* es SETI@home para la búsqueda de vida inteligente fuera de la Tierra.

— **Balanceo de carga.** Es una técnica usada para el reparto del trabajo entre diferentes computadores, generalmente entre los nodos de un clúster. Puede ser un dispositivo o un computador dedicado a este fin, pero ambos casos provistos de un *software* que gestiona el reparto del trabajo y que recibe el nombre de *balanceador de carga.* Es importante el uso de balanceadores de carga para evitar cuellos de botella en los sistemas.

En la actualidad, se utilizan balanceadores de carga en numerosos escenarios; para servicios de DNS, web, correo electrónico, bases de datos, sistemas de almacenamiento, entre otros.

Destacando uno de estos escenarios como ejemplo para ilustrar su funcionamiento práctico, se hará uso de un sistema de páginas web de una gran empresa: este sistema, a grandes rasgos, se componen de un clúster para el procesamiento de las páginas web y un balanceador; el acceso desde el exterior se realiza a través de una dirección IP y será el balanceador de carga el encargado de decidir el reparto de las conexiones entre los distintos nodos del clúster para su procesamiento.

La capacidad de decidir cómo se reparte la carga de trabajo se realiza mediante métodos de reparto de conexiones basados en los algoritmos Round-Robin, Weighted Round-Robin, LeastConnection y Weighted LeastConnection, entre otros.

Sus principales ventajas son:

— Obtención de alto rendimiento en el sistema por un coste bajo.

— Es totalmente transparente para el usuario.

— Evita la sobrecarga de los nodos del clúster.

La principal diferencia entre el sistema computacional *grid* y clúster es que mientras que el sistema *grid* es heterogéneo (los sistemas operativos y el *hardware* pueden ser distintos en los diferentes nodos) en los clústeres es homogéneo.

Mientras que los nodos de un clúster suelen estar en la misma localización y complejo, los nodos de un *grid* generalmente se encuentran en ubicaciones diferentes y se interconectan mediante redes LAN, metropolitanas y WAN.

Otra diferencia es la gestión; los clústeres suelen tener un *software* de gestión para monitorizar y gestionar los recursos de los nodos que lo forman, mientras que en los *grids,* cada nodo tiene su propio *software* de gestión y no está centralizada, debido a que en muchos casos los nodos son anónimos como ocurre en los *grids* colaborativos como los sistemas P2P.

En el caso de los balanceadores de carga, aunque pueden existir varios con un mismo objetivo, no forman un clúster, pero sí serán los encargados del reparto de la carga de trabajo tanto en los *grids* como en los clústeres.

1.3.6. Integridad de datos y recuperación de servicio. Guía mínima para elaborar un plan de continuidad de negocio. Conceptos de RPO (*Recovery Point Objective*) y RTO (*Recovery Time Objective*)

En esta sección se abordan puntos y conceptos muy importantes para la continuidad en la actividad empresarial. En primer lugar, en la sección 1.3.6.1 se introduce el concepto de la integridad de datos y su importancia en el seno de una empresa, además de presentar el concepto y el problema que surge en caso de tener que detener el servicio que ofrece la empresa a sus clientes. La parada del servicio puede suponer una gran pérdida económica para la empresa, a tal punto que puede llegar a provocar que la empresa quiebre. Una de las medidas que deben tomar las empresas para evitar dicha situación es haber desarrollado un plan de continuidad de negocio. A lo largo de esta sección se describen las tareas mínimas que se deben llevar a cabo para un correcto plan de continuidad de negocio. Finalmente, esta sección finaliza con la formalización de los conceptos de RPO y RTO, los cuales han sido nombrados en secciones anteriores.

1.3.6.1. Integridad de datos y recuperación de servicio

La integridad de datos es un concepto utilizado en muchos contextos para referirse a la exactitud y fiabilidad de estos. Es decir, la integridad garantiza que los datos están completos y sin variaciones del original. Las empresas deben ofrecer a sus clientes (o para su información interna) la integridad de los datos en todo momento, puesto que lo que realmente tiene un valor en las empresas son los datos, más que el *hardware* y el *software*. Algunos ejemplos muy representativos son las transacciones bancarias (imagine que se modifica la cuantía de las transferencias bancarias), los datos de salud (piense ahora que se modifica el registro médico de un paciente) o cualquier tipo de información que no sea volátil.

No obstante, el significado del término *integridad de datos* es diferente según el punto de vista del encargado o usuario del mismo. A continuación se describen las dos visiones para los dos roles de administradores más extendidos encargados de gestionar información:

- **Administrador de bases de datos.** Los administradores de bases de datos, además de tener en cuenta que los datos sean precisos, válidos y coherentes, tienen en cuenta la integridad de las entidades, integridad de dominios y la integridad referencial. Estos conceptos están relacionados con el diseño de la base de datos.

- **Administrador de la seguridad.** Los administradores de la seguridad de una compañía interpretan el término de **integridad de los datos** como la imposibilidad de que alguien modifique datos sin autorización.

Algunas acciones que pueden poner en riesgo la integridad de los datos son las siguientes:

- No disponer de mecanismos de replicación tales como sistemas RAID.
- No disponer de unos mecanismos de copias de seguridad planificadas.
- Modificación de los permisos y privilegios de acceso sin un uso razonado. Muchas veces los administradores dan permisos de escritura sobre ficheros a todos los usuarios, en lugar de establecer una política de seguridad basada en roles.
- Se debe rastrear el uso de las contraseñas privilegiadas cuando son utilizadas por varios usuarios.
- Aplicaciones instaladas que incorporan códigos maliciosos que abren brechas de seguridad.

Cuando se producen fallos de integridad lo normal es que el servicio tenga que detenerse, puesto que para recuperar el estado anterior se deben tomar algunas medidas. El proceso de recuperación del servicio puede llevarse a cabo de manera automática, por ejemplo, sistemas RAID o SAI (sistemas de alimentación ininterrumpida) permiten restablecer los servicios sin que el administrador tenga que realizar ninguna tarea. En otras ocasiones es necesaria la intervención del administrador, que debe detener el servicio, revisar y corregir los fallos producidos, y nuevamente levantar el servicio.

Para evitar los problemas económicos de detener el servicio en cualquier tarea de administración con datos, se debe planificar un plan de continuidad de negocio, el cual es descrito en la siguiente sección.

1.3.6.2. Guía mínima para elaborar un plan de continuidad de negocio

Toda empresa requiere de un plan de continuidad de negocio para evitar tener que parar los servicios que ofrece a sus clientes cuando se produce una contingencia grave. Algunas de las contingencias que se pueden dar en una empresa son un incendio, un robo o una inundación. La falta de un plan de continuidad en una empresa puede provocar que la empresa desaparezca. El conjunto de medidas técnicas, organizativas y procedimentales que garantizan la continuidad de la actividad del negocio es lo que se denomina como el plan de continuidad.

Un plan de continuidad del negocio se divide en seis etapas claramente diferenciadas:

1. **Diseño del plan y establecimiento de la política de continuidad de negocio.** En este paso se identifican las actividades que deben ser realizadas antes de comenzar el desarrollo e implantación del plan de continuidad.

2. **Conocimiento de los procesos de negocio de la organización y análisis de riesgos que impactan en las actividades del negocio.** En esta fase se deben conocer los productos y servicios que son el núcleo de la empresa, así como los elementos claves que son necesarios para llevar a cabo las actividades de la empresa y los riesgos a las que está expuesta.

3. **Medidas preventivas.** En esta fase se establecen las medidas de seguridad preventivas y proactivas con el objetivo de evitar que se produzcan incidentes graves o prevenirlos sin necesidad de tener que activar el plan de continuidad a no ser que sea estrictamente necesario.

4. **Estrategia de recuperación.** En esta fase se establece una tabla de prioridades en las actividades que realiza el negocio con el fin de priorizar las que hay que salvaguardar antes que otras. Esto es muy importante, puesto que no todas las actividades o datos tienen la misma prioridad para una continuidad del negocio en el futuro en caso de catástrofe.

5. **Desarrollo e implantación del plan.** En esta fase se establece el conjunto de prácticas y procedimientos que se llevarán a cabo para realizar la recuperación del sistema y establecer la continuidad del negocio una vez que se ha producido el desastre. En esta fase se llevan a cabo las técnicas y procedimientos que se establecieron previamente.

6. **Mantenimiento del plan.** Esta fase es primordial porque es en la que se difunde, revisa, actualiza y prueba que el plan es adecuado para el negocio. Se deben establecer las acciones que se llevarán a cabo para difundir y realizar la formación del plan.

Una vez presentadas las diferentes fases que componen un plan de continuidad de negocio se va a profundizar en las tareas que se deben llevar a cabo en cada una de estas etapas.

1. **Diseño del plan y establecimiento de la política de continuidad de negocio.**

   a. **Designar un coordinador.** Se debe designar un coordinador o jefe del plan, el cual es el encargado de gestionar y supervisar todo el proceso relacionado con el plan.

   b. **Elaborar la política del plan.** La política del plan es un documento sencillo y conciso que describe en alto nivel los objetivos, el alcance y las responsabilidades en el desempeño del plan.

   c. **Establecer la planificación del proyecto.** Se debe confeccionar una planificación de las tareas que llevar a cabo para cubrir los objetivos, los responsables de ejecutar las tareas, los tiempos que consumirá cada una de estas tareas, hitos, presupuestos e indicadores de éxito en el plan.

2. **Conocimiento de los procesos de negocio de la organización y análisis de riesgos que impactan en las actividades del negocio.**

    a. **Estudiar los procesos y actividades de negocio.** Se deben identificar y estudiar todas las actividades que son llevadas a cabo por la organización, tanto productos, servicios como los recursos y activos que dan el soporte a las actividades principales. En este estudio se deben describir las personas implicadas, la información, herramientas, intermediarios y cualquier elemento relacionado con la actividad de la organización. Todos estos elementos y cómo se relacionan entre sí son conocidos como interdependencias internas y externas.

    b. **Identificar y valorar el impacto asociado a las interrupciones de los procesos.** Se debe identificar y cuantificar el impacto de paralizar alguna actividad durante un determinado tiempo.

    c. **Identificar actividades, recursos críticos y prioridades de recuperación asociadas.** La empresa debe identificar y priorizar las actividades y recursos que, en caso de que se pierda o paralice el servicio, provocarían mayor impacto en la actividad de la empresa. Por tanto, son las que deben ser restauradas con mayor brevedad.

    d. **Análisis de riesgos.** Se debe prever la probabilidad de que ocurra un desastre o interrupción de los recursos, servicios o actividades de la empresa. En este caso hay que hacer un análisis de las condiciones ambientales de la compañía o incluso del estado social en el que se encuentra (política). Algunos ejemplos son incendios, huelgas, guerras, terremotos, absentismo laboral, inundaciones, etc. La organización debe gestionar los riesgos de la siguiente manera:

        i. **Aceptar el riesgo.** La empresa conoce el riesgo y decide asumirlo sin tomar ninguna acción al respecto. Esta decisión se toma debido a que no se dispone de capacidad para poder resolver el problema o porque el coste de gestionarlo es mayor que asumirlo.

        ii. **Transferir el riesgo.** Se subcontrata a otra empresa o tercera parte el servicio o un seguro que cubra el riesgo.

        iii. **Reducir el riesgo.** Se diseña un plan de control y medidas preventivas que atenúen los impactos y consecuencias del mismo. La fase 3. Medidas preventivas del plan trata de realizar estas acciones.

        iv. **Evitar el riesgo.** Se elimina el riesgo llevando a cabo modificaciones en los procesos de la organización (por ejemplo, trasladar la empresa a otro lugar físico).

3. **Medidas preventivas.** Tomando como punto de partida las dos fases anteriores, se deben identificar y aplicar controles de seguridad para conseguir los siguientes objetivos:

   a. Reducir la probabilidad de que actividades o recursos críticos para la empresa sufran interrupciones en sus servicios.

   b. Disminuir el tiempo de una eventual interrupción.

   c. Limitar el impacto en el caso de que se produzca una paralización en alguna de las actividades críticas.

   d. Eliminar los puntos de fallos únicos de la organización.

4. **Estrategia de recuperación.**

   a. **Selección de alternativas de recuperación.** La empresa debe tener un conjunto de posibles soluciones para recuperar el sistema que según la circunstancia particular del desastre debe aplicarse. Los principales factores que hay que tener en cuenta son los siguientes:

      i. El coste económico de implantar la estrategia de recuperación. Este punto suele ser el principal a la hora de tomar una decisión sobre qué estrategia aplicar.

      ii. Los beneficios de aplicar una estrategia u otra.

      iii. El tiempo máximo permitido de interrumpir la actividad a costa de aplicar una u otra estrategia de recuperación.

      iv. El tiempo de recuperación objetivo deseable de tener el sistema de nuevo operativo tras la caída del sistema. Este concepto es el RTO que se ilustra en la siguiente sección.

      v. La pérdida máxima de información que la organización puede permitirse. Este concepto es el RPO, el cual será detallado en la siguiente sección.

5. **Desarrollo e implantación del plan.**

   a. **Definir los elementos necesarios para la activación y ejecución del plan.** El conjunto de elementos varía en función del tamaño de la empresa y la estrategia de recuperación seleccionada. Se deben detallar las funciones que son llevadas a cabo por los responsables (personas físicas o sistemas informáticos) en el desarrollo del plan. Algunos ejemplos de esta tarea pueden ser los siguientes:

      i. **Respuesta a incidentes.** Son los responsables de analizar y acotar el impacto del incidente de modo que no sea necesario activar el plan.

ii. **Comité de crisis.** Son los responsables de activar el plan y dirigir las acciones que se llevarán a cabo durante el tiempo que dure el incidente.

iii. **Recuperación.** Son los responsables de llevar a cabo el plan y proceder a la recuperación del servicio.

iv. **Relaciones públicas.** Son los responsables de comunicar con clientes, accionistas, medios de comunicación y diferentes usuarios afectados por el incidente.

b. **Desarrollar los procedimientos de alerta y actuación.** Se deben llevar a cabo todos los procedimientos de alerta a los usuarios del sistema y comenzar a actuar para solucionar los incidentes. Los objetivos y alcance de cada uno de los procedimientos deben estar documentados y ser fáciles de leer y entender por todos los miembros implicados en ellos.

6. **Mantenimiento del plan.**

a. **Difusión y formación.** Se deben definir los colectivos y el tipo de necesidades formativas que requieren estos. Se prepara un plan de difusión y formación específico.

b. **Ejecución de pruebas.** Se realizarán simulacros, test o ejercicios de prueba en fase de demostración para comprobar que todo el plan tiene un funcionamiento adecuado.

c. **Actualización.** Todos los planes deben ser mantenidos utilizando un ciclo de mejora constante. El plan se actualizará a medida que se detecten nuevos puntos críticos, haya cambios en la estructura organizativa o en los modelos de negocio de la compañía.

1.3.6.3. Conceptos de RPO (*Recovery Point Objective*) y RTO (*Recovery Time Objective*)

Los conceptos de RPO (Recovery Point Objective) y RTO (Recovery Time Objective) son conceptos muy sencillos de comprender y muy útiles para planificar soluciones alrededor a la integridad y recuperación de los servicios de almacenamiento.

- **RPO.** Es el volumen de datos que la organización considera tolerable en caso de pérdida. Este volumen depende de la transferencia de datos que surge en el sistema desde la última copia de seguridad. Lo habitual es que siempre haya un volumen de datos en este estado, excepto en contadas ocasiones, como pueden ser las transacciones bancarias, donde su RPO debe ser 0. A continuación se van a plantear algunos ejemplos de este concepto:

— **Caso 1.** Copia de seguridad diaria a las 8:00 *a.m.*

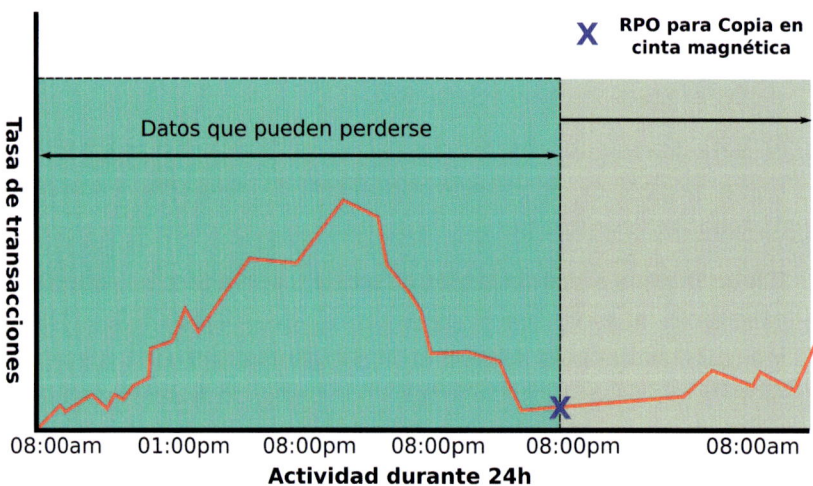

Figura **1.18**. RPO de copia de seguridad diaria.

— **Caso 2.** Varias copias de seguridad durante un día.

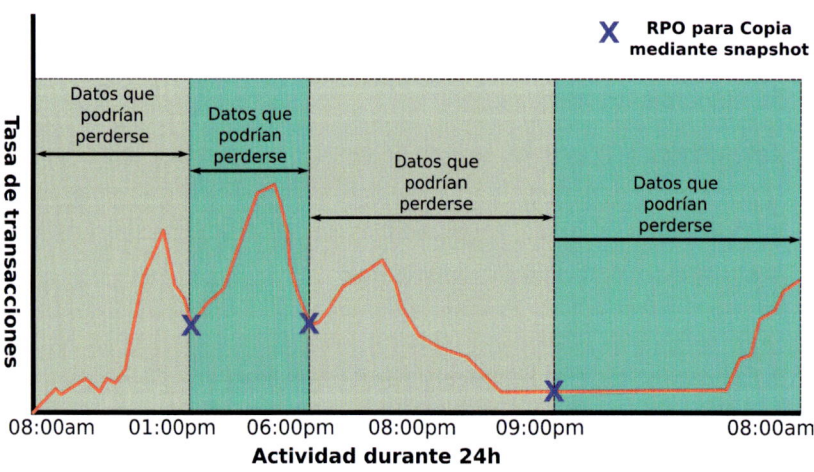

Figura **1.19**. RPO de copia de seguridad de varias veces al día.

- **RTO.** El concepto de RTO expresa el tiempo durante el cual la organización puede tolerar estar sin el funcionamiento de sus aplicaciones o servicios sin que la continuidad del negocio se vea afectada. Este tiempo dependerá del servicio que se vea afectado, puesto que no es lo mismo el servicio de impresión para una empresa que no haga apenas uso de la impresión a una empresa que haga un uso intensivo de este servicio. El mismo servicio tendrá un RTO diferente según las necesidades de la empresa.

En la Figura 1.20 se muestra la diferencia que existe en el espacio temporal entre los conceptos RPO y RTO desde la última copia de seguridad hasta que se produce la recuperación de los datos restaurados tras una contingencia.

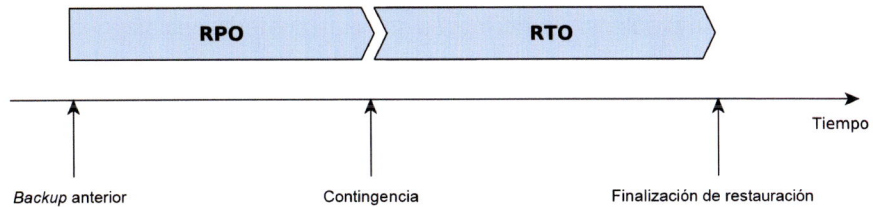

Figura 1.20. Diferencia entre los conceptos de RPO y RTO.

1.3.7. Custodia de ficheros de seguridad.
Problemática de la salvaguarda y almacenamiento
de datos confidenciales. Algunas implicaciones Ley Orgánica
de Protección de Datos (LOPD)

La Ley Orgánica 3/2018, de 5 de diciembre, de Protección de Datos Personales y Garantía de los Derechos Digitales (LOPDGDD) tiene como objetivo adaptar la normativa española sobre protección de datos al Reglamento General de Protección de Datos (RGPD) europeo que entró en vigor el 25 de mayo de 2018. Esta ley deroga la antigua Ley Orgánica 15/1999 de Protección de Datos de Carácter Personal (LOPD) y la actualiza a una sociedad más digital.

Uno de los puntos más delicados en el almacenamiento de la información es la gestión de los datos con información confidencial. Esta gestión está claramente tipificada en la normativa española en la cual se define claramente quién debe custodiar estos ficheros y qué tipos de ficheros son los que hay que custodiar. Además, la normativa describe claramente cuáles son las medidas de seguridad que se deben ofrecer según el tipo de datos que se está almacenando. El último punto importante que se describe en la normativa son las implicaciones de no cumplir dicha normativa, las cuales tienen unas sanciones que pueden provocar un serio problema en cualquier compañía. Todos estos puntos son descritos en las siguientes secciones.

1.3.7.1. Custodia de ficheros de seguridad

La custodia de las copias de seguridad de nuestra organización debe recaer en un determinado empleado, espacio de la empresa o empresa tercera. Una copia de seguridad de una empresa está compuesta por el sistema (infraestructura *software*) y datos de nuestra empresa. La copia del sistema no supone ninguna complicación en su custodia debido a que no contiene datos personales y, por consiguiente, no está sujeta a cumplir la LOPDGDD. Al no tener que estar sujeta a la LOPDGDD estas copias pueden ser custodiadas por cualquier entidad (persona física o jurídica) sin ningún problema. Lo normal es que esta custodia sea asignada a personal de la empresa que sea continuo con un cargo relevante y no personas que tengan una corta proyección en la corporación. En caso de que la empresa no disponga de personal propio al que asignarle dicha custodia, se suele recurrir a empresas terceras que se encargan de dicha tarea como parte de sus servicios.

Por otro lado, las copias de seguridad relacionadas con los datos del sistema probablemente contengan datos personales que están sujetos a la LOPDGDD. La LOPDGDD describe quién debe custodiar las copias de seguridad en función de los ficheros de los que se han realizado las copias. Según el nivel de prioridad de los ficheros y datos de los que se han realizado copias, se deberán tener en cuenta más o menos precauciones en su custodia. Este servicio también puede ser externalizado a una empresa tercera que cumpla con la LOPDGDD asegurándonos el servicio a través de la firma de un contrato que tenga las garantías legales de que las copias de seguridad cumplirán en todo momento con la normativa en vigor. Externalizar este servicio cuando la empresa se dedica a otras labores es una buena idea cuando se manejan datos de nivel medio-alto, debido a la complejidad del tratamiento de estos.

La decisión de quién tiene que custodiarlos es muy importante, puesto que la ley recoge graves penas en caso de que no se cumpla la correcta salvaguardia, y para una empresa puede ser desastroso que su información esté disponible en cualquier medio de comunicación. En más de una ocasión los datos privados de clientes han acabado compartidos en redes P2P provocando un revuelo social y económico en función de la envergadura de los datos filtrados.

Una de las figuras más importantes que introducen el RGPD (artículos 37, 38 y 39) y la LOPDGDD es la del **delegado de protección de datos** (*data protection officer*), que es el encargado del tratamiento sobre las obligaciones legales en materia de protección de datos. Esta figura es la responsable de supervisar y velar por el cumplimiento de la normativa, así como de cooperar con las autoridades de control en el tratamiento de datos. Es importante resaltar que los datos de contacto del delegado de protección de datos deben ser públicos, para que cualquiera pueda contactar con él y tratar temas de protección de datos de manera directa y confidencial.

El artículo 39 del RGPD define las funciones del delegado de protección de datos:

a) Informar y asesorar al responsable o al encargado del tratamiento y a los empleados que se ocupen del tratamiento de las obligaciones que les incumben en virtud del presente reglamento y de otras disposiciones de protección de datos de la Unión o de los Estados miembros.

b) Supervisar el cumplimiento de lo dispuesto en el presente reglamento, de otras disposiciones de protección de datos de la Unión o de los Estados miembros y de las políticas del responsable o del encargado del tratamiento en materia de protección de datos personales, incluida la asignación de responsabilidades, la concienciación y formación del personal que participa en las operaciones de tratamiento, y las auditorías correspondientes.

c) Ofrecer el asesoramiento que se le solicite acerca de la evaluación de impacto relativa a la protección de datos y supervisar su aplicación de conformidad con el artículo 35.

d) Cooperar con la autoridad de control.

e) Actuar como punto de contacto de la autoridad de control para cuestiones relativas al tratamiento, incluida la consulta previa a que se refiere el artículo 36, y realizar consultas, en su caso, sobre cualquier otro asunto.

La designación del delegado de protección de datos tiene unos requisitos específicos que se describen en los puntos 5 y 6 del artículo 37 del RGPD:

5. El delegado de protección de datos será designado atendiendo a sus cualidades profesionales y, en particular, a sus conocimientos especializados del derecho y la práctica en materia de protección de datos y a su capacidad para desempeñar las funciones indicadas en el artículo 39.

6. El delegado de protección de datos podrá formar parte de la plantilla del responsable o del encargado del tratamiento, o desempeñar sus funciones en el marco de un contrato de servicios.

Por otro lado, el artículo 34 de la LOPDGDD describe las actividades y empresas en las que es necesario que la empresa cuente con un delegado de protección de datos:

a) Los colegios profesionales y sus consejos generales.

b) Los centros docentes que ofrezcan enseñanzas en cualquiera de los niveles establecidos en la legislación reguladora del derecho a la educación, así como las Universidades públicas y privadas.

c) Las entidades que exploten redes y presten servicios de comunicaciones electrónicas conforme a lo dispuesto en su legislación específica, cuando traten habitual y sistemáticamente datos personales a gran escala.

d) Los prestadores de servicios de la sociedad de la información cuando elaboren a gran escala perfiles de los usuarios del servicio.

e) Las entidades incluidas en el artículo 1 de la Ley 10/2014, de 26 de junio, de ordenación, supervisión y solvencia de entidades de crédito.

f) Los establecimientos financieros de crédito.

g) Las entidades aseguradoras y reaseguradoras.

h) Las empresas de servicios de inversión, reguladas por la legislación del mercado de valores.

i) Los distribuidores y comercializadores de energía eléctrica y los distribuidores y comercializadores de gas natural.

j) Las entidades responsables de ficheros comunes para la evaluación de la solvencia patrimonial y crédito o de los ficheros comunes para la gestión y prevención del fraude, incluyendo a los responsables de los ficheros regulados por la legislación de prevención del blanqueo de capitales y de la financiación del terrorismo.

k) Las entidades que desarrollen actividades de publicidad y prospección comercial, incluyendo las de investigación comercial y de mercados, cuando lleven a cabo tratamientos basados en las preferencias de los afectados o realicen actividades que impliquen la elaboración de perfiles de los mismos.

l) Los centros sanitarios legalmente obligados al mantenimiento de las historias clínicas de los pacientes. Se exceptúan los profesionales de la salud que, aun estando legalmente obligados al mantenimiento de las historias clínicas de los pacientes, ejerzan su actividad a título individual.

m) Las entidades que tengan como uno de sus objetos la emisión de informes comerciales que puedan referirse a personas físicas.

n) Los operadores que desarrollen la actividad de juego a través de canales electrónicos, informáticos, telemáticos e interactivos, conforme a la normativa de regulación del juego.

o) Las empresas de seguridad privada.

p) Las federaciones deportivas cuando traten datos de menores de edad.

1.3.7.2. Problemática de la salvaguarda y almacenamiento de datos confidenciales

Los datos confidenciales deben ser almacenados en lugares seguros, debido a que, si estos son robados, su utilización puede conllevar la suplantación de la personalidad de los individuos, lo cual es una violación directa del artículo 18 de la Constitución española, que trata del derecho al honor, la intimidad personal y familiar, a la preservación de la propia imagen, a la inviolabilidad del domicilio y a la salvaguarda y secreto de las comunicaciones. Por lo tanto, prácticamente todas las empresas y entidades públicas que dispongan de ficheros con datos personales de clientes o usuarios deberán asegurar que cumplen con la LOPDGDD y registrar los ficheros en la Agencia Española de Protección de Datos (AEPD).

En la nueva normativa tenemos cambios significativos como son los siguientes:

- **Responsabilidad proactiva**: los responsables del tratamiento de los datos deben demostrar que están aplicando medidas técnicas y organizativas para cumplir con la legislación vigente.

- **Consentimiento**: el consentimiento por parte de las personas a las que se les va a recopilar los datos debe ser expreso, inequívoco, explícito y voluntario.

- **Registro de actividades de tratamiento**: los responsables del tratamiento de los datos han de llevar un registro de los datos tratados.

- **Obligación de informar**: los responsables del tratamiento de datos han de informar sobre su identidad, qué tipo de datos van a almacenar, la finalidad de los mismos, el plazo de conservación de los mismos y si se realiza una cesión de los datos a terceras partes.

- **Notificar falta de seguridad**: en caso de que se produzca una pérdida de los datos por robo o negligencia, se debe notificar en un plazo menor de 72 horas a la AEPD.

- **La figura del delegado de protección de datos**: debe existir esta figura —como se ha tratado en puntos anteriores—, que es el responsable de su tratamiento.

- **Derechos de los ciudadanos**: los ciudadanos tienen ahora unos nuevos derechos que deben ser preservados. Estos derechos los veremos a continuación.

A continuación se van a describir los diferentes derechos a partir de la información proporcionada por la AEPD que encontrarás en su página web: https://aepd.es/derechos-y-deberes/conoce-tus-derechos.

Derecho de acceso

El derecho de acceso es el derecho del ciudadano a dirigirse al responsable del tratamiento de los datos para conocer si están tratando o no sus datos de carácter personal y, en el caso de que se esté realizando dicho tratamiento, obtener la siguiente información:

- Una copia de los datos personales que son objeto del tratamiento.

- Los fines del tratamiento.

- Las categorías de datos personales que se traten.

- Los destinatarios o las categorías de destinatarios a los que se comunicaron o serán comunicados los datos personales, en particular, los destinatarios en países terceros u organizaciones internacionales.

- El plazo previsto de conservación de los datos personales o, si no es posible, los criterios utilizados para determinar este plazo.

- La existencia del derecho del interesado a solicitar al responsable: la rectificación o supresión de sus datos personales, la limitación del tratamiento de sus datos personales u oponerse a ese tratamiento.

- El derecho a presentar una reclamación ante una autoridad de control.

- Cuando los datos personales no se hayan obtenido directamente de usted, cualquier información disponible sobre su origen.

- La existencia de decisiones automatizadas, incluida la elaboración de perfiles, y al menos en tales casos, información significativa sobre la lógica aplicada, la importancia y las consecuencias previstas de ese tratamiento para el interesado.

- Cuando se transfieran datos personales a un tercer país o a una organización internacional, tiene derecho a ser informado de las garantías adecuadas en las que se realizan las transferencias.

Derecho de rectificación

El ejercicio de este derecho supone que el ciudadano podrá obtener la rectificación de sus datos personales que sean inexactos sin dilación indebida del responsable del tratamiento.

Teniendo en cuenta los fines del tratamiento, tiene derecho a que se completen los datos personales que sean incompletos, inclusive mediante una declaración adicional.

Derecho de oposición

Este derecho supone que el ciudadano puede oponerse a que el responsable realice un tratamiento de los datos personales en los siguientes supuestos:

- Cuando sean objeto de tratamiento basado en una misión de interés público o en el interés legítimo, incluido la elaboración de perfiles:

— El responsable dejará de tratar los datos salvo que acredite motivos imperiosos que prevalezcan sobre los intereses, derechos y libertades del interesado, o para la formulación, el ejercicio o la defensa de reclamaciones.

- Cuando el tratamiento tenga como finalidad la mercadotecnia directa, incluida también la elaboración de perfiles anteriormente citada:

  - Ejercitado este derecho para esta finalidad, los datos personales dejarán de ser tratados para dichos fines.

Derecho supresión (derecho «al olvido»)

El ciudadano podrá ejercitar este derecho ante la persona responsable solicitando la supresión de sus datos de carácter personal cuando concurra alguna de las siguientes circunstancias:

- Si los datos personales ya no son necesarios en relación con los fines para los que fueron recogidos o tratados de otro modo.

- Si el tratamiento de los datos personales se ha basado en el consentimiento que el ciudadano prestó a la persona responsable, y retira el mismo, siempre que el citado tratamiento no se base en otra causa que lo legitime.

- Si el ciudadano se ha opuesto al tratamiento de sus datos personales al ejercitar el derecho de oposición en las siguientes circunstancias:

  — El tratamiento de la persona responsable se fundamenta en el interés legítimo o en el cumplimiento de una misión de interés público, y no han prevalecido otros motivos para legitimar el tratamiento de sus datos.

  — Que sus datos personales sean objeto de mercadotecnia directa, incluyendo la elaboración perfiles relacionados con la citada mercadotecnia.

- Si sus datos personales han sido tratados ilícitamente.

- Si sus datos personales deben suprimirse para el cumplimiento de una obligación legal establecida en el Derecho de la Unión o de los Estados miembros que se aplique a la persona responsable del tratamiento.

- Si los datos personales se han obtenido en relación con la oferta de servicios de la sociedad de la información mencionados en el artículo 8, apartado 1.

Este derecho no es ilimitado, de tal forma que puede ser factible no proceder a la supresión cuando el tratamiento sea necesario para el ejercicio de la libertad de expresión e información, para el cumplimiento de una obligación legal, para el cumplimiento de una misión realizada en interés público o en el ejercicio de poderes públicos conferidos a la persona responsable, por razones de interés público, en el ámbito de la salud pública, con fines de archivo de interés público, fines de investigación científica o histórica o fines estadísticos, o para la formulación, el ejercicio o la defensa de reclamaciones.

Derecho a la limitación del tratamiento

Este derecho consiste en que el ciudadano obtenga la limitación del tratamiento de sus datos que realiza el responsable.

- Puede solicitar la suspensión del tratamiento de sus datos:
  - Cuando impugne la exactitud de sus datos personales, durante un plazo que permita al responsable su verificación.
  - Cuando se haya opuesto al tratamiento de sus datos personales que el responsable realiza en función del interés legítimo o misión de interés público, mientras aquel verifica si estos motivos prevalecen sobre los del ciudadano.
- Solicitar al responsable la conservación sus datos:
  - Cuando el tratamiento sea ilícito y se ha opuesto a la supresión de sus datos y en su lugar solicita la limitación de su uso.
  - Cuando el responsable ya no necesite los datos personales para los fines del tratamiento, pero el interesado los necesite para la formulación, el ejercicio o la defensa de reclamaciones.

Derecho a la portabilidad

La finalidad de este derecho es reforzar aún más el control de los datos personales del ciudadano, de forma que cuando el tratamiento se efectúe por medios automatizados, reciba sus datos personales en un formato estructurado, de uso común, de lectura mecánica e interoperable, y pueda transmitirlos a otro responsable del tratamiento, siempre que el tratamiento se legitime en función del consentimiento o en el marco de la ejecución de un contrato.

No obstante, este derecho, por su propia naturaleza, no se puede aplicar cuando el tratamiento sea necesario para el cumplimiento de una misión de interés público o en el ejercicio de poderes públicos conferidos al responsable.

Derecho a no ser objeto de decisiones individuales automatizadas

Este derecho pretende garantizar que el ciudadano no sea objeto de una decisión basada únicamente en el tratamiento de sus datos, incluida la elaboración de perfiles, que produzca efectos jurídicos sobre él o le afecte significativamente de forma similar.

Sobre esta elaboración de perfiles, se trata de cualquier forma de tratamiento de sus datos personales que evalúe aspectos personales, en particular analizar o predecir aspectos relacionados con su rendimiento en el trabajo, situación económica, salud, las preferencias o intereses personales, fiabilidad o de comportamiento.

Este derecho no será aplicable cuando:

- Sea necesario para la celebración o ejecución de un contrato entre el ciudadano y el responsable.
- El tratamiento de sus datos se fundamente en su consentimiento prestado previamente.

Derecho de información

Para dar cumplimiento a este derecho, la AEPD recomienda que esta información se le facilite al ciudadano por capas o niveles de manera que:

- Se le facilite al ciudadano información básica en un primer nivel, de forma resumida, en el mismo momento y en el mismo medio en que se recojan sus datos personales.
- Se le remita el resto de la información en un medio más adecuado para su presentación, compresión y, si se desea, archivo.

La información que se debe facilitar por capas o niveles sería la siguiente:

1.ª Capa. Información básica (resumida):

- La identidad del responsable del tratamiento.
- Una descripción sencilla de los fines del tratamiento, incluyendo la elaboración de perfiles si existiese.
- La base jurídica del tratamiento.
- Previsión o no de cesiones. Previsión o no de transferencias a terceros países.
- Referencia al ejercicio de derechos.

2.ªCapa. Información adicional (detallada):

- Datos de contacto del responsable. Identidad y datos del representante (si existiese). Datos de contacto del delegado de protección de datos (si existiese).
- Descripción ampliada de los fines del tratamiento. Plazos o criterios de conservación de los datos. Decisiones automatizadas, perfiles y lógica aplicada.

- Detalle de la base jurídica del tratamiento, en los casos de obligación legal, interés público o interés legítimo. Obligación o no de facilitar datos y consecuencias de no hacerlo.

- Destinatarios o categorías de destinatarios. Decisiones de adecuación, garantías, normas corporativas vinculantes o situaciones específicas aplicables.

- Cómo ejercer los derechos de acceso, rectificación, supresión y portabilidad de los datos, y la limitación u oposición a su tratamiento.

- Derecho a retirar el consentimiento prestado. Derecho a reclamar ante la autoridad de control.

En el supuesto en que los datos personales del ciudadano no hayan sido obtenidos directamente de él, se le facilitará, además de la información indicada anteriormente:

En la información básica (1.ª capa, resumida):

- La fuente (procedencia) de los datos.

En la información adicional (2.ª capa, detallada):

- La información detallada del origen de los datos, incluso si proceden de fuentes de acceso público.

- La categoría de datos que se traten.

1.3.7.3. Algunas implicaciones de la Ley Orgánica de Protección de Datos (LOPD)

El reglamento de desarrollo de la LOPDGDD en el artículo 71 describe lo que se considera una infracción:

«Constituyen infracciones los actos y conductas a las que se refieren los apartados 4, 5 y 6 del artículo 83 del Reglamento (UE) 2016/679, así como las que resulten contrarias a la presente ley orgánica».

En la propia LOPDGDD se describen tres niveles de infracciones (leves, graves y muy graves) en los artículos 72, 73 y 74. Aunque no se describen exhaustivamente, sí permiten desarrollar un marco de acciones en el tratamiento de los datos que conllevan infracciones. A continuación describimos los casos que marca la normativa por niveles:

- **Leves**

  — El incumplimiento del principio de transparencia de la información o el derecho de información del afectado por no facilitar toda la información.

— La exigencia del pago de un canon para facilitar al afectado la información o por atender las solicitudes de ejercicio de derechos de los afectados.

— No atender las solicitudes de ejercicio de los derechos, salvo que resultase de aplicación lo dispuesto en el artículo 72.1.k) de esta ley orgánica.

— No atender los derechos de acceso, rectificación, supresión, limitación del tratamiento o a la portabilidad de los datos en tratamientos en los que no se requiere la identificación del afectado, cuando este, para el ejercicio de esos derechos, haya facilitado información adicional que permita su identificación, salvo que resultase de aplicación lo dispuesto en el artículo 73 c) de esta ley orgánica.

— El incumplimiento de la obligación de notificación relativa a la rectificación o supresión de datos personales o la limitación del tratamiento.

— El incumplimiento de la obligación de informar al afectado, cuando así lo haya solicitado, de los destinatarios a los que se hayan comunicado los datos personales rectificados, suprimidos o respecto de los que se ha limitado el tratamiento.

— El incumplimiento de la obligación de suprimir los datos referidos a una persona fallecida cuando ello fuera exigible.

— La falta de formalización por los corresponsables del tratamiento del acuerdo que determine las obligaciones, funciones y responsabilidades respectivas con respecto al tratamiento de datos personales y sus relaciones con los afectados o la inexactitud en la determinación de las mismas.

— No poner a disposición de los afectados los aspectos esenciales del acuerdo formalizado entre los corresponsables del tratamiento.

— La falta del cumplimiento de la obligación del encargado del tratamiento de informar al responsable del tratamiento acerca de la posible infracción por una instrucción recibida de este de las disposiciones del Reglamento (UE) 2016/679 o de esta ley orgánica.

— El incumplimiento por el encargado de las estipulaciones impuestas en el contrato o acto jurídico que regula el tratamiento o las instrucciones del responsable del tratamiento, salvo que esté legalmente obligado a ello.

— Disponer de un registro de actividades de tratamiento que no incorpore toda la información exigida.

— La notificación incompleta, tardía o defectuosa a la autoridad de protección de datos de la información relacionada con una violación de seguridad de los datos personales.

— El incumplimiento de la obligación de documentar cualquier violación de seguridad.

— El incumplimiento del deber de comunicación al afectado de una violación de la seguridad de los datos que entrañe un alto riesgo para los derechos y libertades de los afectados.

— Facilitar información inexacta a la autoridad de protección de datos, en los supuestos en los que el responsable del tratamiento deba elevarle una consulta previa.

— No publicar los datos de contacto del delegado de protección de datos, o no comunicarlos a la autoridad de protección de datos, cuando su nombramiento sea exigible.

— El incumplimiento por los organismos de certificación de la obligación de informar a la autoridad de protección de datos de la expedición, renovación o retirada de una certificación.

— El incumplimiento por parte de los organismos acreditados de supervisión de un código de conducta de la obligación de informar a las autoridades de protección de datos acerca de las medidas que resulten oportunas en caso de infracción del código.

- **Graves**

  — El tratamiento de datos personales de un menor de edad sin recabar su consentimiento, cuando tenga capacidad para ello, o el del titular de su patria potestad o tutela.

  — No acreditar la realización de esfuerzos razonables para verificar la validez del consentimiento prestado por un menor de edad o por el titular de su patria potestad o tutela sobre el mismo.

  — El impedimento o la obstaculización o la no atención reiterada de los derechos de acceso, rectificación, supresión, limitación del tratamiento o a la portabilidad de los datos en tratamientos en los que no se requiere la identificación del afectado, cuando este, para el ejercicio de esos derechos, haya facilitado información adicional que permita su identificación.

  — La falta de adopción de aquellas medidas técnicas y organizativas que resulten apropiadas para aplicar de forma efectiva los principios de protección de datos desde el diseño, así como la no integración de las garantías necesarias en el tratamiento.

— La falta de adopción de las medidas técnicas y organizativas apropiadas para garantizar que, por defecto, solo se tratarán los datos personales necesarios para cada uno de los fines específicos del tratamiento.

— La falta de adopción de aquellas medidas técnicas y organizativas que resulten apropiadas para garantizar un nivel de seguridad adecuado al riesgo del tratamiento.

— El quebrantamiento, como consecuencia de la falta de la debida diligencia, de las medidas técnicas y organizativas que se hubiesen implantado.

— El incumplimiento de la obligación de designar un representante del responsable o encargado del tratamiento no establecido en el territorio de la Unión Europea.

— La falta de atención por el representante en la Unión del responsable o del encargado del tratamiento de las solicitudes efectuadas por la autoridad de protección de datos o por los afectados.

— La contratación por el responsable del tratamiento de un encargado de tratamiento que no ofrezca las garantías suficientes para aplicar las medidas técnicas y organizativas apropiadas.

— Encargar el tratamiento de datos a un tercero sin la previa formalización de un contrato u otro acto jurídico escrito.

— La contratación por un encargado del tratamiento de otros encargados sin contar con la autorización previa del responsable, o sin haberle informado sobre los cambios producidos en la subcontratación cuando fueran legalmente exigibles.

— La infracción por un encargado del tratamiento de lo dispuesto en el Reglamento (UE) 2016/679 y en la presente ley orgánica, al determinar los fines y los medios del tratamiento.

— No disponer del registro de actividades de tratamiento.

— No poner a disposición de la autoridad de protección de datos que lo haya solicitado, el registro de actividades de tratamiento.

— No cooperar con las autoridades de control en el desempeño de sus funciones en los supuestos no previstos.

— El tratamiento de datos personales sin llevar a cabo una previa valoración.

— El incumplimiento del deber del encargado del tratamiento de notificar al responsable del tratamiento las violaciones de seguridad de las que tuviera conocimiento.

— El incumplimiento del deber de notificación a la autoridad de protección de datos de una violación de seguridad de los datos personales.

— El incumplimiento del deber de comunicación al afectado de una violación de la seguridad de los datos.

— El tratamiento de datos personales sin haber llevado a cabo la evaluación del impacto de las operaciones de tratamiento en la protección de datos personales en los supuestos en que la misma sea exigible.

— El tratamiento de datos personales sin haber consultado previamente a la autoridad de protección de datos en los casos en que dicha consulta resulta preceptiva.

— El incumplimiento de la obligación de designar un delegado de protección de datos cuando sea exigible su nombramiento.

— No posibilitar la efectiva participación del delegado de protección de datos en todas las cuestiones relativas a la protección de datos personales, no respaldarlo o interferir en el desempeño de sus funciones.

— La utilización de un sello o certificación en materia de protección de datos que no haya sido otorgado por una entidad de certificación debidamente acreditada o en caso de que la vigencia del mismo hubiera expirado.

— Obtener la acreditación como organismo de certificación presentando información inexacta.

— El desempeño de funciones que el Reglamento (UE) 2016/679 reserva a los organismos de certificación, sin haber sido debidamente acreditado.

— El incumplimiento por parte de un organismo de certificación de los principios y deberes a los que está sometido.

— El desempeño de funciones que el artículo 41 del Reglamento (UE) 2016/679 reserva a los organismos de supervisión de códigos de conducta sin haber sido previamente acreditado por la autoridad de protección de datos competente.

— La falta de adopción por parte de los organismos acreditados de supervisión de un código de conducta de las medidas que resulten oportunas en caso que se hubiera producido una infracción del código.

- **Muy graves**
  — El tratamiento de datos personales vulnerando los principios y garantías establecidos en el artículo 5 del Reglamento (UE) 2016/679.

— El tratamiento de datos personales sin que concurra alguna de las condiciones de licitud del tratamiento establecidas en el artículo 6 del Reglamento (UE) 2016/679.

— El incumplimiento de los requisitos exigidos por el artículo 7 del Reglamento (UE) 2016/679 para la validez del consentimiento.

— La utilización de los datos para una finalidad que no sea compatible con la finalidad para la cual fueron recogidos, sin contar con el consentimiento del afectado o con una base legal para ello.

— El tratamiento de datos personales de las categorías a las que se refiere el artículo 9 del Reglamento (UE) 2016/679, sin que concurra alguna de las circunstancias previstas en dicho precepto y en el artículo 9 de esta ley orgánica.

— El tratamiento de datos personales relativos a condenas e infracciones penales o medidas de seguridad conexas fuera de los supuestos permitidos.

— El tratamiento de datos personales relacionados con infracciones y sanciones administrativas fuera de los supuestos permitidos por el artículo 27 de esta ley orgánica.

— La omisión del deber de informar al afectado acerca del tratamiento de sus datos personales.

— La vulneración del deber de confidencialidad establecido en el artículo 5 de esta ley orgánica.

— La exigencia del pago de un canon para facilitar al afectado la información a la que se refieren los artículos 13 y 14 del Reglamento (UE) 2016/679 o por atender las solicitudes de ejercicio de derechos de los afectados previstos en los artículos 15 a 22 del Reglamento (UE) 2016/679, fuera de los supuestos establecidos en su artículo 12.5.

— El impedimento o la obstaculización o la no atención reiterada del ejercicio de los derechos establecidos en los artículos 15 a 22 del Reglamento (UE) 2016/679.

— La transferencia internacional de datos personales a un destinatario que se encuentre en un tercer país o a una organización internacional, cuando no concurran las garantías, requisitos o excepciones establecidos en los artículos 44 a 49 del Reglamento (UE) 2016/679.

— El incumplimiento de las resoluciones dictadas por la autoridad de protección de datos competente en ejercicio de los poderes que le confiere el artículo 58.2 del Reglamento (UE) 2016/679.

— El incumplimiento de la obligación de bloqueo de los datos establecida en el artículo 32 de esta ley orgánica cuando la misma sea exigible.

— No facilitar el acceso del personal de la autoridad de protección de datos competente a los datos personales, información, locales, equipos y medios de tratamiento que sean requeridos por la autoridad de protección de datos para el ejercicio de sus poderes de investigación.

— La resistencia u obstrucción del ejercicio de la función inspectora por la autoridad de protección de datos competente.

— La reversión deliberada de un procedimiento de anonimización a fin de permitir la reidentificación de los afectados.

— Tendrán la misma consideración las infracciones a las que se refiere el artículo 83.6 del Reglamento (UE) 2016/679.

A continuación se muestra una tabla resumen de las sanciones y los tiempos de prescripción según el tipo de infracción.

Tabla 1.5. Sanciones y tiempos de prescripción según el tipo de infracción en RGPD y LOPDGDD

Tipo de infracción	Sanciones según RGPD y LOPDGDD
Infracciones leves	• Hasta 40 000 € sin cantidad mínimo. • Prescripción: 1 año.
Infracciones graves	• Mínimo entre 40 001 € y 300 000 €. • Máximo: importe más elevado entre 10 000 000 € y el 2 % del total de la facturación mundial anual del ejercicio financiero anterior. • Prescripción: 2 años.
Infracciones muy graves	• Mínimo: 300 001 €. • Máximo: importe más elevado entre 20 000 000 € y el 4 % del total de la facturación mundial anual del ejercicio financiero anterior. • Prescripción: 3 años.

1.4. Análisis de las políticas de seguridad

En esta sección se abordarán conceptos relacionados con las políticas de seguridad que se deben establecer para acceder la información almacenada en nuestros sistemas. En la sección 1.4.1 se presentan los conceptos relacionados con los privilegios de lectura, escritura y ejecución que se pueden asignar a la información tanto por usuarios como por roles o grupos de usuarios que han sido establecidos en la empresa. Hoy en día es frecuente que toda organización disponga de varios servicios internos o externos que requieren de la autenticación por parte de los usuarios, tanto trabajadores como clientes. En la sección 1.4.2. se introduce el concepto de identificador único de acceso o *Single Sign-On* (SSO) que permite a los usuarios utilizar un único identificador para todos los servicios de la misma organización, de hecho, en algunas configuraciones no requiere que el usuario introduzca sus credenciales en cada uno de estos servicios, sino que la misma autenticación de un servicio tiene una validez temporal para el uso de otros servicios. El siguiente punto relevante para prevenir el acceso no autorizado de la información o que esta información se vuelva corrupta debido al ataque de *software* malicioso es el uso de herramientas *software* denominadas antivirus (sección 1.4.3). Finalmente, en la sección 1.4.4 se presentan algunas de las principales auditorías de seguridad de la información que una empresa puede llevar a cabo para asegurar en mayor medida que sus datos se encuentran salvaguardados.

1.4.1. Acceso restringido por cuentas de usuario. Propiedad de la información

En un sistema informático todos los usuarios deben tener una cuenta de usuario para poder acceder; dicha cuenta debe tener un acceso controlado por alguna de las medidas de seguridad lógica descritas en la sección 1.3.3.2. No obstante, en esta sección describiremos más ampliamente el concepto de propiedad de la información. Para comprender el concepto, se van a desarrollar de modo práctico los permisos en los sistemas *NIX, puesto que permiten comprender perfectamente la propiedad de la información.

Antes de abordar directamente la propiedad de la información se debe presentar la gestión de permisos en *NIX. La estructura básica de permisos en ficheros está compuesta por tres tipos permisos:

- **Lectura (r).** Otorga el privilegio de acceder el contenido del fichero.
- **Escritura (w).** Otorga el privilegio de poder modificar el contenido del fichero (agregar, sobrescribir o eliminar el contenido).
- **Ejecutar (x).** Otorga el privilegio de poder indicarle al sistema operativo que ejecute el fichero como si fuera un programa.

El comando **chmod** (*change mode*) permite cambiar los permisos con las opciones + (más), (menos) o = (igual) para agregar, quitar o asignar los permisos. A continuación se describen algunos ejemplos de cambiar los permisos de un fichero.

> **chmod -w archivo** # Elimina el permiso de escritura al archivo.
>
> **chmod +x archivo** # Agrega el permiso de ejecución al archivo.
>
> **chmod -rwx archivo** # Elimina todos los permisos al archivo.
>
> **chmod +rwx archivo** # Agrega todos los permisos al archivo.
>
> **chmod =r archivo** # El archivo queda solo con el permiso de lectura.

Una vez presentados los tres tipos de permisos básicos, es necesario presentar los tres tipos de usuarios que interactúan sobre los archivos.

- **Usuario/dueño (u).** El creador del fichero normalmente es el dueño. Es el usuario que suele tener asignados mayores privilegios sobre el fichero.

- **Grupos (g).** Todo fichero está gestionado por un grupo de usuarios.

- **Otros (o).** Cualquier usuario que se encuentra autenticado en el sistema.

Algunos ejemplos de aplicación de modificación de permisos según el tipo de usuario que interactúa con el fichero utilizando **chmod.**

> **chmod g-x,o-x archivo** # Elimina los permisos de ejecución al grupo y otros usuarios.
>
> **chmod u-x,g=rw** # Elimina el permiso de ejecución al dueño y asigna permisos al grupo.
>
> **chmod u+x,g-w+rx,o-rwx** # Agrega el permiso de ejecución al usuario, elimina el permiso de escritura y agrega el permiso de lectura y ejecución en el grupo y finalmente a los otros les elimina todos los permisos.

1.4.2. Identificador único de acceso. Sistemas de *Single Sign-On* (SSO)

El identificador único de acceso (*single sign-on,* SSO) es un procedimiento que permite a los usuarios acceder a varios sistemas diferentes utilizando una sola identificación. Los beneficios que aporta este tipo de sistemas son los siguientes:

- Reducción de la fatiga de la creación de contraseñas por parte de los usuarios al tener que crear usuarios y contraseñas para diferentes servicios.

- Reducción del tiempo de tener que introducir contraseñas para la misma identidad pero diferentes servicios.

- Reducción de costes en soporte por el departamento de informática al no tener que resolver tantas incidencias debido a contraseñas.

Los sistemas SSO comparten servidores de autenticación donde se almacenan las contraseñas, a los que tienen acceso todas las aplicaciones. A fecha de escritura de este libro existen cinco tipos principales de SSO.

- ***Enterprise single sign-On* (e-ssO).** Esta técnica es conocida como *legacy single sign-on* y su principal uso es para interactuar con sistemas que pueden deshabilitar la presentación de las pantallas de autenticación. Esta técnica es utilizada para lo que se conoce como autenticación primaria, puesto que intercepta los requisitos de autenticación del sistema y se completan con el usuario y contraseña que están almacenados en los servidores.

- ***Web single sign-On* (Web-ssO).** Esta técnica es conocida como *web access management* (web-AM) y su principal uso es con aplicaciones y recursos accedidos vía web. Los accesos son interceptados utilizando un servidor *proxy* o un componente encargado de esta función instalado en el servidor web o aplicación web de destino. Los usuarios que no han sido aún autenticados son redirigidos a un servidor de autenticación o a un servicio web que haga el acceso. Se suelen utilizar como mecanismos de autenticación las famosas *cookies,* parámetros GET/POST, cabeceras del protocolo HTTP.

- **Kerberos.** Es un protocolo de autenticación creado por el MIT en el que los usuarios se registran en el servidor Kerberos y reciben un identificador (*ticket*), el cual es utilizado en las aplicaciones para obtener el acceso.

- **Identidad federada.** En esta técnica las empresas comparten información sin compartir tecnologías, seguridad y autenticación, sino que se basa en el «círculo de confianza» entre las diferentes partes. Para conseguir intercambiar esta información, se han utilizado soluciones basadas en XML.

- **OpenID.** Es una técnica de SSO distribuida y descentralizada donde la identidad es compilada en una URL para que cualquier aplicación o servidor pueda verificar la veracidad del usuario. Los sitios web que soportan OpenID no requieren crearse una cuenta de usuario para acceder, sino que solamente se debe proporcionar el identificador creado en un servidor OpenID.

1.4.3. Protección antivirus

Los antivirus son herramientas *software* que se encargan de prevenir, detectar y eliminar virus. Inicialmente un antivirus era el *software* encargado de detectar y eliminar archivos ejecutables o documentos que fueran peligrosos al entorno del sistema operativo, bien porque daba acceso no autorizado a usuarios ajenos al sistema, bien porque destruía/robaba información del sistema. No obstante, hoy en día los antivirus también son encargados de evitar fraudes a través de *software* genérico que perjudica el sistema, también conocidos como *malware.*

En la actualidad existen diferentes mecanismos para detectar virus por parte de los antivirus, aunque ninguno de estos es infalible:

- **Detección heurística.** Consiste en escanear el contenido de los archivos buscando patrones de código que se asemejan a los virus conocidos. A través de la base de datos del antivirus se puede realizar esta comparación.

- **Detección por comportamiento.** Consiste en escanear el comportamiento del sistema operativo en busca de comportamientos sospechosos. Esta técnica no es preventiva, sino que se da una vez que el sistema está infectado.

- **Detección por caja de arena (*sandbox*).** Consiste en ejecutar el *software* en una máquina virtual antes de ejecutarlo en el entorno real para poder comprobar si es un *software* seguro o incorpora *software* malicioso. Esta técnica es muy tediosa, puesto que requiere disponer de un entorno de pruebas configurado para testear el *software,* además del tiempo que conllevan estas pruebas.

- **Firma digital.** Consiste en comparar una marca única en cada archivo o *software* con una base de datos de virus en búsqueda de coincidencias.

1.4.4. Auditorías de seguridad

Una auditoría de seguridad informática consiste en realizar un estudio para identificar, enumerar y poder describir las diferentes vulnerabilidades que pueden surgir en una máquina, red de comunicación o servidor. En realidad se debe realizar un estudio sobre toda la infraestructura de la compañía.

Las auditorías de seguridad pueden ser parte del plan de continuidad en la fase de mantenimiento en la que habrá que evitar posibles complicaciones. Las auditorías de seguridad permiten conocer en qué estado de protección se encuentran los diferentes elementos *hardware* y *software.*

Las auditorías de seguridad están compuestas por diferentes elementos que se deben comprobar y fases. Una propuesta de estas tareas podrían ser las siguientes:

- Enumeración de redes, topologías, protocolos de comunicación, dispositivos *hardware* y *software* que componen la organización.

- Comprobación del cumplimiento de los estándares de seguridad.

- Análisis de los servicios que brinda la empresa y las aplicaciones que se encuentran instaladas.

- Detección, comprobación y evaluación de las vulnerabilidades: es posible que se utilicen antivirus, medidas de seguridad de autenticación o cortafuegos.

- Se deben establecer las medidas específicas de corrección para evitar las vulnerabilidades.

Las auditorías de seguridad pueden ser realizadas en subauditorías, o auditorías de menor tamaño:

- **Auditoría de seguridad interna.** Se evalúa la seguridad y privacidad de las redes locales y la organización interna de la empresa.

- **Auditoría de seguridad perimetral.** Se evalúa la seguridad que ofrece la empresa frente a las entradas exteriores.

- **Test de intrusión.** En este tipo de auditorías, expertos en seguridad tratan de acceder a datos de la organización desde el exterior. Esta auditoría práctica sirve de complemento teórico a la auditoría de seguridad perimetral. El problema es que para llevarla a cabo se requiere de expertos en seguridad y en particular en los servicios que ofrece la empresa.

- **Análisis forense.** En este tipo de auditorías se realiza un estudio a *posteriori* de las incidencias para localizar el foco y causante del incidente, ya sea causado por una persona física o por un fallo en un sistema *hardware/software*.

- **Auditoría de herramientas *software*.** Se lleva a cabo un análisis de los códigos creados por los desarrolladores en búsqueda de posibles errores.

Actividades

1.1. Defina los conceptos de información, sistema de información, sistema informático y sistema de ficheros.

1.2. Relacione y defina los conceptos de un soporte de almacenamiento: formatear, sector y bloque.

1.3. ¿Qué implicaciones positivas o negativas tiene que un sistema de ficheros tenga fragmentación interna y fragmentación externa? ¿Cómo se puede resolver el problema de la fragmentación?

1.4. En el contexto de la nomenclatura de un fichero, ¿qué quiere decir que el sistema de ficheros disponga de SFN y LFN?

1.5. A fecha actual, ¿por qué no utilizaría sistemas de ficheros FAT12, FAT16 o FAT32? ¿Cuál utilizaría como sustituto de estos y por qué?

1.6. El sistema de ficheros NTFS, ¿a qué familia de sistemas operativos pertenece? ¿Puede ser utilizado en otros sistemas operativos?

1.7. ¿Qué es UFS? ¿Qué es un inodo? ¿Qué son los metadatos de un inodo? Enumere algunos metadatos que incorpora un inodo.

1.8. La familia de sistemas de ficheros EXT, ¿en qué sistemas operativos suele integrarse? ¿Cuál es la versión actual de esta familia? ¿Existirán sistemas en los que se utilicen diferentes versiones de estos sistemas de ficheros? ¿Cuáles son las principales características por las que es beneficioso utilizar Ext4?

1.9. ¿Qué es el *journaling*? ¿Y la desfragmentación en tiempo real (*online*)? ¿Qué son los *snapshots*?

1.10. ¿Cuáles son los principales inconvenientes del sistema de ficheros ReiserFS?

1.11. Describa las principales características de los sistemas de ficheros BTRFS y XFS.

1.12. El sistema de ficheros HFS+, ¿en qué sistemas operativos es utilizado?

1.13. Investigue cómo funcionan y las características principales de algunas variantes del sistema de fichero FAT: **TurboFAT, FATX y FAT+.**

1.14. ¿Qué son los directorios estáticos y dinámicos? Clasifique los directorios más relevantes de FHS según sean estáticos o dinámicos.

1.15. ¿Qué es la migración de datos y el archivado de datos? ¿Cuándo se utilizaría una u otra? ¿Pueden ser compatibles? ¿Qué beneficios aporta la migración de datos?

1.16. Especifique los pasos prácticos de realizar las siguientes migraciones:

a. EXT2 a EXT4

b. FAT a NTFS

c. EXT a BTRFS

1.17. Especifique los pasos prácticos de realizar los siguientes archivados:

a. Crear un archivo llamado *sinComprimir.tar* sin comprimir; comprobar su contenido y desempaquetarlo en un directorio con permisos.

a. Crear un archivo comprimido llamado *misFicheros.tar.gzip* comprimido utilizando el algoritmo **gzip** con el contenido de todos los ficheros de la ruta /bin.

a. Desempaquetar y descomprimir el fichero *miFicheros.tar.gzip* en un directorio con permisos.

1.18. ¿Qué son las particiones? ¿Qué son MBR y GPT? ¿Qué tipos de particiones existen y cuántas se pueden tener en un disco de cada una de ellas?

1.19. Defina y especifique las diferencias fundamentales que existen entre sistemas de almacenamiento NAS y SAN.

1.20. Dentro de los sistemas SAN, ¿qué diferencias existen entre iSCSI, FC y FCoE?

1.21. ¿Qué son los volúmenes lógicos (LVM)? En este contexto, defina los siguientes elementos: volúmenes físicos (PV), grupos de volúmenes (VG) y volúmenes lógicos (LV).

1.22. Especifique de modo práctico el siguiente esquema de LVM y realice las siguientes operaciones:

VG	Discos-PV (25 GB)	LV	Punto de montaje
grupo1	/dev/sdb /dev/sdc /dev/sdd	multimedia (50 GB)	/mnt/multimedia
		usuarios (20 GB)	/mnt/usuarios
		documentos (restante)	/mnt/documentos
grupo2	/dev/sde /dev/sdf	directivos (50 GB)	/mnt/directivos

a. Se agrega un nuevo disco de 50 GB (/dev/sdg) al sistema, el cual será sumado al grupo de volúmenes llamado grupo1.

b. Se modificará el tamaño del volumen lógico usuarios aumentando en 50 GB y comprobar que el espacio de este volumen será de 70 GB (20 GB + 50 GB).

c. Reducir el tamaño del volumen lógico multimedia en 10 GB y comprobar que el espacio del volumen es 40 GB (50 GB - 10 GB).

d. Volver a aumentar el tamaño del volumen lógico de documentos en 10 GB.

1.23. ¿Cuáles son los beneficios en cuanto a los sistemas de almacenamiento de utilizar sistemas RAID?

1.24. ¿Cuándo se debe aplicar la configuración de RAID 0? ¿Y las configuraciones de RAID 1, RAID 10 y RAID 5 o RAID 6?

1.25. ¿Cuál es la opción recomendable para una empresa que no tiene problemas económicos, RAID *hardware* o *software*? ¿Por qué?

1.26. Especifique de modo práctico los pasos a seguir para configurar un sistema RAID con gestión de volúmenes lógicos (LVM) del siguiente esquema:

RAID	Discos (25 GB)	VG	LV	Punto montaje
RAID5	/dev/sdb /dev/sdc /dev/sdd		imágenes (2 GB)	/mnt/imagenes
			informes (5 GB)	/mnt/informes
RAID6	/dev/sde /dev/sdf /dev/sdg /dev/sdh	VG_DATOS	vídeos (63 GB)	/mnt/videos
			documentos (15 GB)	/mnt/documentos
			canciones (restante)	/mnt/canciones
RAID 10	/dev/sdi /dev/sdj /dev/sdk /dev/sdl	VG_DEV	desarrollo1 (30 GB)	/mnt/dev1
			desarrollo2 (restante)	/mnt/dev2

1.27. ¿Qué significa SPOF? ¿Por qué es importante tenerlos controlados como administrador?

1.28. ¿Qué tipos de copias de seguridad existen? Describa cada una de ellas.

1.29. ¿Cuáles son las principales amenazas contempladas en la seguridad física?

1.30. ¿Cuáles son las medidas preventivas que puede tomar una empresa para evitar las amenazas físicas derivadas de sabotajes o robos?

1.31. Describa los objetivos que trata de cubrir la seguridad lógica.

1.32. ¿Qué requisitos debe cubrir como mínimo la seguridad lógica?

1.33. Para el control del acceso interno en una organización o sistema, ¿qué técnicas existen?

1.34. Para el control del acceso externo en una organización o sistema, ¿qué técnicas existen?

1.35. ¿Qué diferencias existen entre salvaguardar los datos a nivel de bloque o de fichero?

1.36. Respecto a salvaguardar los datos en servidores remotos, especifique de modo práctico las siguientes prácticas:

    a. Copia del directorio personal del usuario llamado carlos el fichero "hola. txt" al *host* remoto maquina2 y el directorio /backups/home/carlos utilizando el usuario *backuphost1*.

    b. Copiar del *host* remoto *maquina_ovh* el fichero con ruta */backups/www/proyecto1/package.jso*n al mismo directorio pero local (sin la ruta /backups).

1.37. ¿Qué característica deben cumplir los sistemas de alta disponibilidad?

1.38. Explique a qué se refieren los siguientes términos: MTBF, MTTF y MTTR.

1.39. ¿Qué es un clúster y qué tipos de clústeres existen?

1.40. ¿Cuál es la principal funcionalidad de un balanceador de carga?

1.41. ¿En qué consiste mantener la integridad de los datos y mantener un servicio operativo? ¿Qué implicaciones tiene la parada de servicios en una empresa?

1.42. Especifique las principales fases por las que está compuesto un plan de continuidad de negocio. ¿Qué tareas debe componer cada una de estas fases?

1.43. Defina los conceptos de RPO y RTO; utilice un gráfico para representar ambos conceptos.

1.44. ¿Qué es la custodia de ficheros? ¿Quién es el encargado de esta custodia? ¿Existe alguna normativa al respecto de quién y cómo es el encargado de esta custodia?

1.45. ¿Cuáles son los niveles de seguridad de los datos según la LOPD?

1.46. ¿Cuáles son las obligaciones que se deben cubrir en los ficheros de datos personales según los niveles de seguridad de los datos?

1.47.   Busque la LOPD y haga una lectura rápida de la ley.

1.48.   ¿Cuáles son las sanciones de una empresa según el tipo de infracciones?

1.49.   ¿Qué tipo de permisos existen sobre los ficheros según el tipo de usuarios en un sistema de información?

1.50.   En qué consiste SSO y qué tipos de métodos existen.

1.51.   ¿Qué es y qué funcionalidad tiene un antivirus?

1.52.   ¿Qué es una auditoría de seguridad? Describa algunos de los tipos más relevantes de auditorías que existen.

2. Desarrollo de diferentes supuestos prácticos, debidamente caracterizados, en los que se analicen

Contenido

2.1. Introducción

Para el desarrollo de este capítulo, se va a proponer una serie de supuestos prácticos con los que se puede encontrar un administrador de sistemas en la vida profesional, haciendo énfasis en el contenido detallado a lo largo del Capítulo 1. En esta primera sección serán especificadas de modo general las necesidades de los diferentes supuestos, los cuales serán resueltos de un modo razonado a lo largo de las secciones del capítulo.

En la sección 2.2 se realizará el análisis y la toma de decisión sobre el particionamiento y la implementación de la política de copias de seguridad de la empresa propuesta. La sección 2.3 describe el esquema del mapa de red de la infraestructura de los sistemas de información planteados para resolver el problema. En esta sección se conseguirá tener una visión global de los diferentes elementos que componen el supuesto práctico y cómo nombrarlos para referirnos a ellos. El siguiente paso en el supuesto es definir los sistemas de ficheros que se utilizarán en el esquema de particionamiento utilizado, así como la tabla de permisos de los usuarios para el acceso a los datos.

Finalmente, en la sección 2.5 se describe el procedimiento que se debe aplicar para realizar la migración de datos entre diferentes sistemas de ficheros.

2.1.1. Supuesto práctico #1. Empresa de contabilidad

Una empresa cuya actividad se centra en el mundo de la contabilidad y dispone de un conjunto de administrativos. Los administrativos trabajan en equipos locales con el *software* específico para realizar sus tareas diarias. En estos equipos locales, cada uno de los usuarios dispondrá del sistema operativo y de las herramientas específicas según sus necesidades y funcionalidades en la empresa. Además, todos los trabajadores deben acceder a un conjunto de datos compartidos en la red local (NAS), a los que deberán poder acceder todos los usuarios en su día a día. No obstante, todos los trabajadores no tienen el mismo rol en la empresa y, por tanto, no tienen los mismos privilegios en la manipulación de los ficheros. Existen diferentes grupos de trabajo en la organización, lo que permite tener las tareas de los administrativos repartidas según estos roles. En la Tabla 2.1 se muestran los usuarios de la empresa y la asignación de los diferentes grupos a los que pertenecen.

Tabla 2.1. Especificación de usuarios y grupos a los que pertenecen en el supuesto #1

usuario	Grupos
administrativo1	junior, todos
administrativo2	junior, todos
administrativo3	senior, todos
administrativo4	senior, todos

Los recursos *hardware* de los que dispone la organización para realizar este supuesto son los siguientes:

- Se dispone de un solo equipo informático para albergar todos los servicios.

- Se dispone de un disco duro de estado sólido con una capacidad de 500 GB para el sistema operativo.

- Se dispone de seis discos discos duros mecánicos con una capacidad de 1 TB para albergar la información generada por los administrativos.

- Se dispone de un NAS privativo con el sistema operativo Microsoft Server 2022 que gestiona los discos anteriormente citados.

- Cintas magnéticas para realizar las copias de seguridad sin límite de capacidad, puesto que el servicio está externalizado a una tercera empresa. A medida que se requiere más capacidad para almacenar la información, se alquila una nueva cinta magnética en esta compañía. Este hecho implica que se garantiza el cumplimiento de la LOPD de los datos almacenados, tanto la custodia como las diferentes auditorías.

Una de las tareas que quiere llevar a cabo el encargado de la empresa, tras un estudio económico del mismo, es actualizar el sistema operativo del NAS y, para ello, se ha tomado la decisión de realizar una migración a un sistema operativo Linux. Aunque el sistema operativo Linux puede manipular ficheros en el sistema de ficheros NTFS de Microsoft Server 2022, se ha decidido además realizar una migración de los sistemas de ficheros.

2.1.2. Supuesto práctico #2. Empresa de desarrollo de aplicaciones *software*

Una empresa encargada del desarrollo de aplicaciones *software* requiere brindar algunos servicios internos a sus programadores tales como un sistema de ficheros compartido en red (NAS), donde se almacena toda la documentación y *software* necesario para realizar las tareas diarias de estos trabajadores. Este espacio debe ser compartido por todos los usuarios para que puedan agregar, modificar o incluso borrar información del mismo. Además de este espacio común compartido, los desarrolladores requieren de un servicio de control de versiones (GIT) para sus desarrollos. Este servicio es muy importante en la organización, puesto que es un elemento crítico para seguir brindando el servicio de modo adecuado.

Los programadores, al igual que en el supuesto #1 de la empresa de contabilidad, disponen de un equipo local cada uno con su sistema operativo y herramientas de trabajo diferentes según las funcionalidades de cada uno de estos trabajadores en la empresa.

Los recursos *hardware* de los que dispone la organización para realizar este supuesto son los siguientes:

- Se dispone de un solo equipo informático para albergar todos los servicios.

- Se dispone de cuatro discos duros mecánicos con una capacidad de 2 TB para albergar la información generada por los desarrolladores.

- Se dispone de cuatro discos SSD de 256 GB para albergar el sistema operativo del servidor.

- Para realizar las copias de seguridad, la compañía dispone de un mecanismo de grabación y lectura de cintas magnéticas que almacenan fuera de la empresa. Respecto a la LOPD no tienen que cumplirla debido a que los datos que almacenan en las copias de seguridad no contienen datos que estén sujetos al cumplimiento de la misma.

2.2. El efecto de las posibles decisiones de particionamiento y acceso a disco, así como la implementación de una política de salvaguarda de datos

En esta sección se van a describir las tablas de particionamiento de cada uno de los supuestos en los sistemas de almacenamiento y la política de copias de seguridad que se regirá por los datos. Antes de abordar los volúmenes lógicos de los sistemas de almacenamiento, se definirán los volúmenes físicos (sistemas RAID) que proporcionan seguridad y/o rendimiento en nuestros supuestos.

2.2.1. Supuesto práctico #1. Empresa de contabilidad

Se obvian los sistemas de almacenamiento de los equipos locales de los diferentes administrativos tal y como se especifica en el enunciado. Además, el sistema de almacenamiento que aloja el sistema operativo del NAS donde estarán los soportes de almacenamiento es privativo y gestionado por el sistema operativo privativo; por lo tanto, no se debe realizar el análisis del particionado, puesto que es el propio NAS el encargado de gestionar este sistema de almacenamiento.

Los soportes de almacenamiento destinados a guardar los datos generados por los administrativos sí son parte de nuestro estudio. Analizaremos las diferentes posibilidades de configuración de RAID en esta organización:

- **RAID 0.** En esta configuración RAID no tenemos seguridad de los datos a cambio de rendimiento. Es decir, una avería de alguno de los discos provocará la pérdida de todos los datos que no han sido salvaguardados desde la última copia de seguridad. La organización no puede permitirse perder datos de clientes entre que se produce una avería y la última copia de seguridad, ni tampoco el tiempo de restaurar la copia de seguridad.

- **RAID 1.** En esta configuración RAID se tiene una réplica de los datos para que, en caso de que haya una avería en alguno de los soportes, los trabajadores puedan seguir trabajando sin que haya ninguna pérdida de datos. El coste de esta implementación a nivel de capacidad de almacenamiento sería pasar de disponer de una capacidad de 6 TB, que es la capacidad total de almacenamiento de los seis discos, a disponer de una capacidad de 3 TB. En cambio, la elección de este sistema implica no tener ningún extra en rendimiento en el acceso de los datos.

- **RAID 5 o RAID 6.** En estas configuraciones RAID se consigue reducir el número de discos destinados a la paridad y se consigue una mejora en el rendimiento de los accesos al disco. La contrapartida de elegir alguno de estos sistemas RAID radica en que el servicio debe paralizarse hasta que se puedan reconstruir los datos (no se perderán), pero el servidor estará fuera de servicio durante un tiempo, el cual dependerá de la cantidad de datos y de la controladora RAID. La elección entre RAID 5 y RAID 6 depende de los algoritmos de compresión que permiten albergar en un número menor de discos los códigos de paridad que permiten recuperar los datos.

- **RAID 1+0.** En esta configuración RAID se dispone de una réplica de todos los datos (RAID 1) pero ganando en rendimiento (RAID 0). En esta solución se dispone de los beneficios del RAID 1 y RAID 0, con el mismo coste de aplicar como solución RAID 1. Esta solución es interesante a partir de cuatro discos; en el caso particular de esta empresa se dispone de seis discos, con lo cual se puede aplicar.

En la Tabla 2.2 se muestra un resumen de los parámetros de interés a la hora de tomar la decisión de qué sistema RAID utilizar. Se han marcado las opciones que el cliente del supuesto daría por válida. Recuerde que el coste del almacenamiento es asumido por la empresa. Es decir, que en lugar de disponer de 6 TB de datos, se dispondrá de un total de 3 TB. Por lo tanto, se toma la decisión de configurar un sistema RAID 10 para el almacenamiento de los datos de la empresa.

Tabla 2.2. Comparativa de parámetros a tener en cuenta para decidir qué sistema RAID elegir para el supuesto #1

	Pérdida de datos	Parada del servicio	rendimiento
RAID 0	SÍ	SÍ	Alto
RAID 1	NO	NO	Bajo
RAID 5/6	NO	SÍ	Alto
RAID 10	NO	NO	Alto

Una vez se ha definido el volumen físico, se puede pasar a la fase de definir los volúmenes lógicos. El desafío del sistema de particionamiento en este supuesto reside en el soporte de almacenamiento donde se almacena el sistema operativo. En este caso particular se está trabajando con un sistema operativo propietario y configuración proporcionada por el NAS adquirido y, por tanto, no se realiza la configuración en este apartado. La configuración de las nuevas particiones se desarrolla en el apartado de migración de sistemas donde según las especificaciones del supuesto se debe desarrollar una migración de este sistema privativo a uno libre.

Por otro lado, la partición del sistema de almacenamiento es bastante sencilla, puesto que solamente se dispondrá de una única gran partición, de 3 TB donde se almacenan todos los datos. Esta partición lógica se denominará almacén para poder hacer referencia a ella y estará alojada en el directorio raíz /. De modo que, para acceder a los datos que existen en esta partición, se hará desde la ruta e:. El control de los privilegios se lleva a cabo con la gestión de permisos y grupos individual sobre directorios y ficheros, utilizando el mecanismo proporcionado por el propio sistema operativo. En la sección 2.4.1 se describen los permisos y el sistema de ficheros elegido para esta partición de datos.

Una vez que el sistema esté en producción, antes de comenzar la introducción de datos, se realizará un copia de seguridad a nivel de bloque del sistema de almacenamiento que contiene al sistema operativo, en un soporte de almacenamiento de acceso rápido (puede ser un disco duro). De esta forma, si el sistema operativo falla, se podrá realizar una restauración del sistema operativo en el menor tiempo posible. A esta copia debe poder acceder el equipo técnico del sistema y, a pesar de no contener información, también debe estar en un lugar suficientemente seguro para que no sufra desperfectos o posibles sabotajes.

Este proceso se realizará mediante el inicio de un sistema operativo Linux con arranque en vivo (también se conocen como sistemas *live*) y usando el comando **dd** desde la línea de comandos. En primer lugar, se identifican las unidades de disco conectadas, en este caso **sda** corresponde con el disco que tiene instalado el servidor NAS y **sdb** con la unidad de disco externa que se va a utilizar para realizar la copia; en este caso, conectada por un puerto USB.

```
dd if=/dev/sda of=/dev/sdb
```

Es conveniente actualizar esta copia de seguridad de nivel de bloque del dispositivo de almacenamiento, que contiene sistema operativo, antes de que se realicen instalaciones de aplicaciones, parches o actualizaciones y, una vez verificado que todo ha ido bien, se vuelve a realizar una copia para conservar así una copia actualizada. Este proceso de salvaguarda se realiza nuevamente con **dd** desde la terminal de comandos de un sistema operativo Linux con arranque en vivo.

La restauración se realizará de la misma forma, se cargará un sistema operativo Linux con arranque en vivo y se ejecutará:

```
dd if=/dev/sdb of=/dev/sda
```

Tras reiniciar el servidor NAS, el sistema operativo se encontrará exactamente igual que en el momento en el que se realizó esta copia de seguridad de la unidad de disco del sistema operativo.

En lo referente a las copias de seguridad de los datos, es necesario conocer el horario laboral de la empresa para establecer los horarios en los que el sistema permanecerá con la menor actividad posible. La empresa de contabilidad tiene establecido el horario laboral de lunes a viernes desde las 7:30 hasta las 17:30 y no permite personal en las instalaciones más tarde de las 20:00, por lo que el horario disponible para realizar las copias de seguridad será desde 20:30 (se establece un margen de 30 minutos por si hay algún proceso de salvado de datos o un empleado rezagado) hasta las 7:00 de la mañana del día siguiente, hora en la que la copia ha de haber terminado.

En el caso de esta empresa de contabilidad, al funcionar sobre un sistema operativo Windows 2022 Server, la gestión de copias de seguridad completas e incrementales la realizará el propio sistema de copias de seguridad del sistema. Por lo que se planificarán las copias para todos los días a las 20:30 y el sistema se encargará de gestionarlas.

Si se precisara realizar un sistema de copias más específico, habría que recurrir a un *software* de copias de seguridad de terceros que disponga de más opciones de planificación; no obstante, en este caso no es necesario.

En la configuración de la copia de seguridad, se indicará como destino de la copia un recurso compartido, que proporciona la empresa responsable de la gestión de las copias de seguridad y que utiliza una conexión cifrada en una red virtual privada.

Con respecto a la rutina de rotación de cintas magnética, duplicados, clasificación por períodos (meses y años), etiquetado y almacenaje de las cintas en lugares seguros y en ubicaciones separadas, será la empresa externa contratada para realizar las copias de seguridad la encargada de su operativa.

2.2.2. Supuesto práctico #2. Empresa de desarrollo de aplicaciones *software*

En este supuesto al igual que en el supuesto #1 se omiten los sistemas de almacenamiento de los equipos locales de los trabajadores, en este caso son desarrolladores. El primer paso consiste en definir qué sistema de RAID se utilizará para los soportes de almacenamiento. En este supuesto se debe especificar tanto para los soportes destinados al sistema operativo del servidor como para los soportes destinados a almacenar los datos relevantes para los desarrolladores. Por lo tanto, a continuación se realiza el análisis según el propósito de los soportes de almacenamiento.

- **Soporte de almacenamiento del sistema operativo.** Para el sistema operativo se dispone de cuatro discos SSD de 256 GB cada uno. Lo que se persigue en el sistema de ficheros es obtener un alto rendimiento sin una parada del servicio en ningún momento.

  — **RAID 0.** Se descarta esta solución, puesto que se quiere que el sistema esté siempre operativo sin detenerse en ningún momento.

  — **RAID 1.** Se descarta esta solución, puesto que para el coste de almacenamiento que conlleva la implementación de un RAID 1 es preferible utilizar la implementación de un RAID 10.

  — **RAID 5/6.** Se descarta esta solución, puesto que no ofrece la posibilidad de que el servicio continúe trabajando una vez que se produce un fallo.

  — **RAID 10.** Esta será la opción elegida por el mismo razonamiento que en el apartado anterior, puesto que se está buscando que el disco SSD proporcione un gran rendimiento al sistema en caso de tener que hacer accesos a disco.

- **Soporte de almacenamiento de los datos.** Se dispone de cuatro discos mecánicos de 2 TB para realizar la configuración del sistema RAID. Antes de abordar la decisión sobre qué sistema utilizar, se deben tener en cuenta las siguientes características para los datos que se están almacenando: 1) Datos de manuales/vídeos de documentación; 2) Repositorios GIT de los proyectos en los que los programadores están trabajando. En primer lugar, los datos de manuales/vídeos son relevantes y no deben perderse, aunque si el servicio está detenido no son unos datos críticos que detengan el trabajo de los programadores. Por otro lado, el servicio de control de versiones GIT está concebido para ser descentralizado, es decir, cada programador dispone de una base de datos local con todos los cambios que han desarrollado. Por lo tanto, el servidor GIT sirve para sincronizar los datos entre los programadores; si el servicio se cae, los programadores pueden seguir generando código. En caso de que el servicio esté detenido durante un largo tiempo, puede llegar a ser una situación crítica para la empresa.

  — **RAID 0.** Se descarta esta configuración, puesto que los datos de manuales/vídeos de la documentación no pueden perderse.

  — **RAID 1.** Se descarta esta configuración, puesto que es más interesante configurar un RAID 10.

  — **RAID 10.** Se descarta esta configuración, puesto que se pierde el 50 % de la capacidad de almacenamiento a coste de tener un servicio sin detención en ningún momento. Es un coste demasiado alto para el funcionamiento de esta empresa, puesto que ninguno de los datos que se almacenan es crítico que detiene el normal funcionamiento de la empresa.

  — **RAID 5.** Esta configuración permite disponer de un sistema que consigue eficiencia al tener los datos distribuidos y seguridad de que los datos no se pierden, puesto que se dedica la capacidad de un disco a información de paridad para recuperar. En caso de que se produzca una avería, el servidor se detendrá hasta que se solucione el problema *hardware* y se comience a realizar la reconstrucción de los datos. El tiempo de recuperación dependerá de la capacidad de los discos y de la controladora RAID. No obstante, las funciones de la empresa pueden seguir desempeñándose mientras se produce la recuperación de los datos.

Después de definir el volumen físico de cada una de las partes *software* en las que se instalará el sistema operativo o almacenarán los datos, el siguiente paso es definir los volúmenes lógicos. La estructura de particionamiento que se desempeñará en cada uno de los sistemas es la siguiente:

- **Soportes para el sistema operativo.** Al haberse configurado un RAID 10, se dispone de una capacidad de 512 GB en discos SSD. En estos soportes no se implementa la gestión de volúmenes lógicos debido a que las particiones tienen unas funcionalidades claramente definidas, y no se modificará el tamaño de asignación de las mismas a lo largo de la vida de la empresa. Es posible que se adquieran nuevos soportes de almacenamiento o algunos deban ser modificados, los cuales serán incorporados al sistema RAID.

  — **/boot.** La partición de arranque almacena el *software* que hace que el sistema arranque y los diferentes *kernels* que se tengan instalados. El tamaño que se debe asignar a esta partición depende en principio de las distribuciones Linux que se utilizan y del número de *kernels* que se quieran almacenar en el sistema. Algunas distribuciones como Ubuntu utilizan de 150 MB a 250 MB según la versión, Debian recomienda unos 250 MB, Fedora 350 MB, ArchLinux entre 100 MB y 150 MB. Por lo tanto, para no tener complicaciones en el futuro, se decide asignar una capacidad en exceso que será de 1 GB.

  — Área de intercambio. El área de intercambio es una partición que se debe situar junto a la partición /boot. El espacio del área de intercambio depende de la capacidad de memoria RAM del equipo servidor. Hoy en día, la memoria RAM es un recurso barato y el equipo servidor dispondrá de suficiente memoria RAM antes de realizar accesos a la memoria virtual. No obstante, el acceso a disco SSD obtiene un rendimiento muy superior al de los discos mecánicos en caso de que se tengan que realizar accesos a los mismos. En esta empresa en concreto se ha tomado la decisión de situar el área de intercambio en 12 GB. Aunque esta solución no es la única, se podría haber asignado un tamaño entre 8 GB y 16 GB de memoria de intercambio debido a que esta variable dependerá de la memoria RAM del equipo servidor.

  — /. A la partición donde se instalará todo el contenido del sistema operativo se le asignará el espacio restante. La partición con los ficheros de los usuarios (**/home**) se almacena en los soportes destinados a los datos de los usuarios. De este modo, se alarga en mayor medida la vida útil de los soportes SSD, puesto que se provocarán menos lecturas y escrituras. Si se quiere alargar más la vida útil de estos soportes se deberían sacar de estos soportes las particiones con muchas escrituras; estas son las particiones de escrituras y lecturas temporales del sistema y aplicaciones, **/tmp** y **/var/tmp;** estas serán montadas en una unidad en la memoria RAM, con un tamaño de 4 GB para el **/tmp** y de 500 MB para el **/var/tmp** y ambas con el sistema de archivos, diseñado para este fin, **tmpfs.**

- **Soporte de almacenamiento de los datos.** Al haberse configurado un RAID 5, se dispone de una capacidad de 6 TB en discos magnéticos. Para poder proporcionar mayor flexibilidad en el futuro, se utiliza la gestión de volúmenes lógicos con la siguiente tabla de configuración:

RAID	Discos (2 tB)	VG	IV	Punto montaje
RAID5	/dev/sdb /dev/sdc /dev/sdd /dev/sde	VG_RAID	usuarios (1 TB)	/home
			documentación (4 TB)	/mnt/doc
			git (1 TB)	/mnt/git

— **usuarios.** El espacio destino a las cuentas de usuarios de desarrolladores será de 1 TB. No se asignan cuotas a los desarrolladores, sino que cada usuario podrá hacer uso del máximo tamaño del disco. Se presupone un uso racional por parte de estos.

— **documentación.** El espacio destino a la documentación y vídeos de los desarrolladores tendrá un tamaño de 4 TB. Es la partición con mayor capacidad debido a que la multimedia son los ficheros que tienen el mayor tamaño.

— **git.** Finalmente se dedicará una partición de 1 TB a los datos del servidor de integración GIT. Aunque la empresa se dedica a la programación de aplicaciones y se debe almacenar la información de diferentes proyectos, la capacidad de 1 TB es suficiente debido a que GIT utiliza copias comprimidas de todos los ficheros almacenados.

Una vez que el sistema esté en producción y al igual que en el supuesto de la empresa de contabilidad, antes de comenzar a introducir datos, se realizará un copia de seguridad a nivel de bloque del sistema de almacenamiento que contiene al sistema operativo.

Este proceso se realizará mediante el inicio del propio soporte de instalación del sistema Linux que se ha instalado, ya que incluyen un sistema de arranque en vivo para este tipo de operaciones y usando el comando **dd** desde la línea de comandos. En primer lugar se identifican las unidades de disco conectadas, en este caso el sistema estará montado en un dispositivo RAID llamado **system** y la unidad donde se almacenará la copia se corresponde con **sdh** que estará conectada a un puerto eSATA.

```
dd if=/dev/system of=/dev/sdi
```

Es conveniente actualizar esta copia de seguridad de nivel de bloque del dispositivo de almacenamiento, que contiene sistema operativo, antes de que se realicen instalaciones de aplicaciones, parches o actualizaciones, y una vez verificado que todo ha ido bien, se vuelve a realizar una copia para conservar así una copia actualizada. Este proceso de salvaguarda se realiza nuevamente con **dd** desde la terminal de comandos que proporciona el propio soporte de instalación del sistema Linux instalado.

A pesar de que en este supuesto, el sistema está instalado en un sistema de almacenamiento, con redundancia de datos proporcionada por el RAID10, hay que prever un posible error en una modificación errónea en el sistema o la acción indeseada de un atacante que deje el sistema inutilizado, etc. En estos casos se restaura la copia realizada a nivel de bloque y el sistema estaría en nuevamente en producción.

En cuanto a las copias de seguridad, es necesario conocer el horario laboral de la empresa, para establecer los horarios en los que el sistema permanecerá con la menor actividad posible. Esta empresa de desarrollo tiene establecido el horario laboral de lunes a viernes desde las 07:30 hasta las 18:30, pero los trabajadores pueden continuar trabajando desde su domicilio, e incluso conectarse a la empresa para realizar actualizaciones, descargar ficheros para su consulta, etc., por lo que el horario disponible para realizar las copias de seguridad será difícil de establecer. Por este motivo se establece que los trabajadores no podrán conectarse al sistema ni desde el domingo a las 00:30 hasta el lunes a las 06:00, ni de lunes a viernes desde las 03:00 hasta las 06:00. Como punto de partida se realizará una copia completa a nivel de ficheros, de los puntos de montaje **/home, /mnt/doc** y **/mnt/git** que es donde se encuentran los datos. Posteriormente se realizarán copias incrementales, de lunes a sábado y que comenzarán a las 03:00. Los domingos a las 00:30 comenzará la copia completa, previsiblemente habrá terminado antes del lunes a las 06:00. Con respecto a la rutina de rotación de cintas magnéticas, duplicados, clasificación por períodos (meses y años), etiquetado y almacenaje de las cintas en lugares seguros y en ubicaciones separadas, será la empresa externa contratada para realizar las copias de seguridad la encargada de su operativa.

En este caso será necesaria una gran tasa de compresión de la copia de seguridad, por lo que se manipularán tanto las copias completas como las incrementales aplicándoles una compresión con **bzip2**. Las copias de seguridad serán transferidas a la empresa contratada para este fin, a través de una conexión cifrada SSH utilizando el comando **scp.** La programación de los procesos de copia de seguridad y envío a la empresa contratada para su almacenaje se realizarán mediante un *script* que será ejecutado según la programación anterior con la utilidad de programación de tareas de los sistemas *NIX **cron.**

2.3. La política de nomenclatura de los diferentes sistemas y el desarrollo de un mapa de red para documentarlo

En toda infraestructura de una organización comienza a aparecer un gran conjunto de elementos *software* y *hardware* que es necesario identificar de modo fácil y cómodo para los usuarios del sistema. Es importante disponer de una política de nomenclatura que permita rápidamente identificar estos elementos. Los dispositivos que requieren de una IP para trabajar en la red de área local (o Internet) suelen disponer de un rango asignado según las funcionalidades o disposición geográfica en la que se encuentran (rangos de IP por despachos o departamento). Debido a que reconocer los elementos en una red utilizando la IP es demasiado complejo para las personas, se suele utilizar un servidor DNS (*Domain Name Server*), el cual permite sustituir el nombre de la IP por un nombre en un formato más accesible para el ser humano. Por ejemplo, la IP 192.168.1.15 es siempre asignada al equipo de juan-sobremesa y se puede sustituir cada vez que se haga la petición de juan-sobremesa por la IP 192.168.1.15.

Otro punto muy importante en toda infraestructura es disponer de un mapa de red que permita identificar los diferentes sistemas que interactúan entre sí. Los mapas de red pueden servir para mostrar información acerca de los diferentes elementos *hardware* de comunicación que existen en la organización. En este libro se hace especial hincapié en los elementos *hardware* para el almacenamiento de datos; por lo tanto, los mapas de red están enfocados a mostrar esta información.

2.3.1. Supuesto práctico #1. Empresa de contabilidad

En este supuesto se dispone de una lista de administrativos, los cuales denominaremos administrativo1, administrativo2,..., administrativoN, cada uno con un equipo de sobremesa para trabajar. Estos equipos se conectarán a través de un *switch* al servidor NAS donde estará la cabina de discos con la partición de información compartida de 3 TB. Además, los administrativos pueden conectarse en remoto a las copias de seguridad, las cuales están almacenadas en cintas magnéticas. La acción de recuperar información del histórico (copias de seguridad) conlleva un gran retardo de tiempo debido a que hay que acceder en remoto a las instalaciones y porque el acceso a la información de las cintas magnéticas puede no estar automatizado o, si está automatizado, conlleva un tiempo de acceso que no es inmediato.

En Figura 2.1 se muestra el mapa de red descrito anteriormente. Observe que se ha marcado la línea en rojo desde la cabina de discos del servidor NAS indicando que las copias de seguridad se harán de esa cabina de disco hacia la copias de seguridad según la calendarización de copias descrita en la sección anterior.

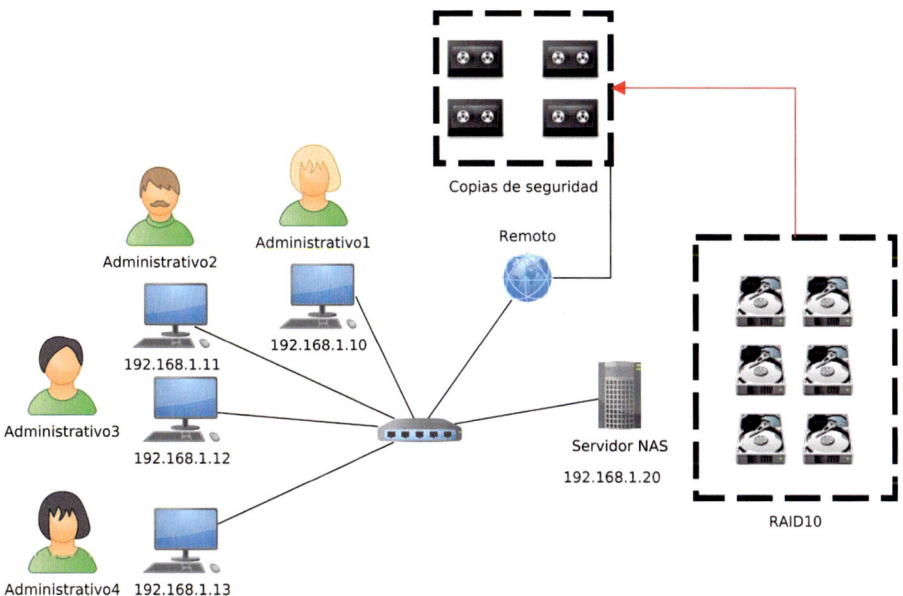

Figura 2.1. Mapa de red del supuesto #1.

Observando el mapa de red del supuesto #1 los equipos de todos los administrativos comienzan a asignarse desde la IP 192.168.1.10 hasta 192.168.1.19. En este caso solo se ha representado a cuatro administrativos. El servidor NAS se ha fijado la IP 192.168.1.20, la cual está diferenciada de los administrativos. En la Tabla 2.3 se muestra la nomenclatura utilizada para los diferentes dispositivos en caso de querer nombrar a alguno de los elementos sin tener que recordar exactamente la IP.

Tabla 2.3. Nomenclatura de los equipos en el supuesto #1

Dirección IP	nombre en el dominio
192.168.1.10	administrativo1
192.168.1.11	administrativo2
192.168.1.12	administrativo3
192.168.1.13	administrativo4
192.168.1.20	servidorNAS

2.3.2. Supuesto práctico #2.
Empresa de desarrollo de aplicaciones *software*

En este supuesto se dispone de una lista de programadores, los cuales se denominan programador1, programador2,..., programadorN, cada uno con un equipo de sobremesa o portátil para su uso diario. Estos equipos se conectarán a través de un *switch* al servidor de desarrollo donde se puede acceder a los diferentes volúmenes lógicos con la información compartida. Las copias de seguridad están almacenadas en cintas magnéticas en un repositorio externo de la compañía. En la Figura 2.2 se muestra el mapa de red de la empresa de desarrollo de aplicaciones.

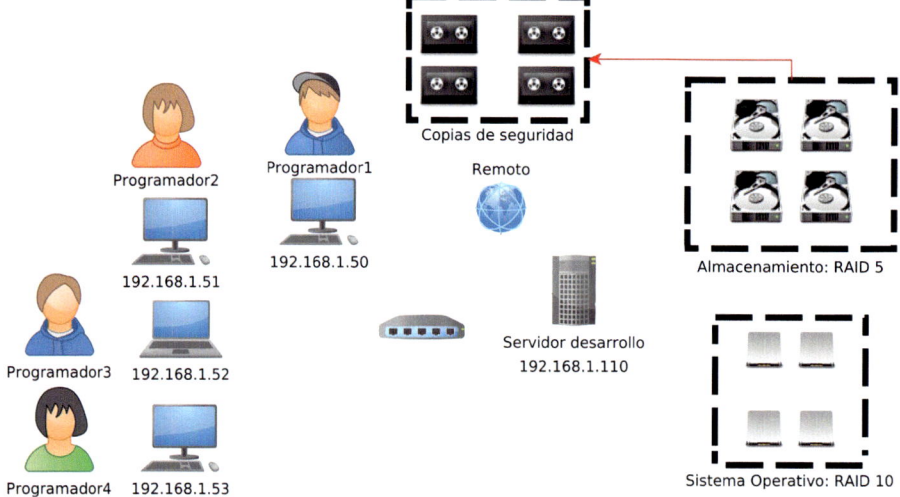

Figura 2.2. Mapa de red del supuesto #2.

Observando el mapa de red del supuesto #2, los equipos de todos los programadores comienzan a asignarse desde la IP 192.168.1.50 hasta 192.168.1.99, en este caso solo se han representado gráficamente a 4 programadores. El servidor de desarrollo se ha fijado con la IP 192.168.1.110 para que se encuentre claramente diferenciada de los programadores. En la Tabla 2.4 se muestra la nomenclatura utilizada para los diferentes dispositivos en caso de querer nombrar a alguno de los elementos sin tener que recordar exactamente la IP.

Tabla 2.4. Nomenclatura de los equipos en el supuesto #2

Dirección IP	nombre en el dominio
192.168.1.50	programador1
192.168.1.51	programador2
192.168.1.52	programador3
192.168.1.53	programador4
192.168.1.110	servidorDev

2.4. Distintos sistemas de ficheros para estudiar la nomenclatura seleccionada y los datos de acceso y modificación de los ficheros, así como los permisos de los usuarios de acceso a los mismos

La decisión de utilizar un sistema de ficheros u otro en cada una de las particiones lógicas depende del uso de cada una de las particiones. La elección del sistema de ficheros es una decisión muy importante porque puede mermar en gran medida el rendimiento del sistema o perder algunas características como *journaling* o *snapshots*. El siguiente punto que se debe decidir una vez establecido el sistema de ficheros de las particiones lógicas del entorno de trabajo es la nomenclatura de las particiones lógicas. La nomenclatura de las particiones es resuelta por LVM, puesto que permite establecer nombres fáciles de entender por los humanos y en cualquier momento pueden ser renombrados sin una complicación excesiva. El último punto que aborda esta sección es la definición de los permisos de los usuarios, los cuales se suelen reunir en grupos de trabajo que permiten simplificar en gran medida la gestión de los permisos.

2.4.1. Supuesto práctico #1. Empresa de contabilidad

El sistema operativo del servidor NAS es privativo y, por tanto, el sistema de ficheros utilizado no se puede modificar. Así que, el administrador no toma ninguna decisión sobre este sistema de ficheros. En cambio, sobre el sistema de ficheros de la partición donde se encuentran almacenados los datos sí se puede tomar una decisión. A continuación se van a describir algunos sistemas de ficheros que pueden ser utilizados en esta partición:

- **FAT12/16/32.** Estos sistemas de ficheros son desechados debido a que la capacidad del mayor es de solamente 4 GB. El sistema de almacenamiento, aunque está pensado para archivos de contabilidad, puede que tenga que almacenar ficheros de mayor tamaño.

- **exFAT.** Este sistema de ficheros se descarta, puesto que está orientado a memorias *flash*.

- **NTFS.** Este sistema de ficheros propietario de Microsoft es el utilizado en su gama de productos de servidor. Por lo tanto, para conseguir una mayor compatibilidad con todo el entorno es la opción que se ha decidido utilizar.

- **HFS+.** El sistema de ficheros HFS+ se descarta, puesto que es privativo y solamente es utilizado en entornos de la compañía Apple.

- **OTROS.** No es buena elección utilizar el sistema operativo de Microsoft con sistemas de ficheros que no son creados por la compañía, por lo tanto, se descartan todos los demás sistemas de ficheros.

Tras haber dado formato a la partición, en el supuesto práctico se deben asignar los permisos sobre diferentes directorios de trabajo. Para ello, se confecciona una serie de directorios en la partición a los cuales se les asignan permisos de lectura, escritura y modificación a nivel de grupo asignado y se desactivarán todos los permisos a los otros usuarios, incluyendo al dueño. En la Tabla 2.5 se muestran los usuarios y roles de trabajo que existen en el supuesto #1.

Tabla 2.5. Usuarios y grupos del supuesto #1

Usuario	Grupos
administrativo1	junior, todos
administrativo2	junior, todos
administrativo3	senior, todos
administrativo4	senior, todos

Una posible implementación de directorios en la partición sería el mostrado en la Tabla 2.6.

Tabla 2.6. Asignación de permisos por directorios y grupos del supuesto #1

Directorio	Grupos	Permisos
/almacen/junior	junior, todos	---rwx---
/almacen/senior	junior, todos	---rwx---
/almacen/todos	senior, todos	---rwx---

2.4.2. Supuesto práctico #2. Empresa de desarrollo de aplicaciones *software*

En este supuesto, la elección de sistemas de ficheros es más complicada que en el anterior supuesto, puesto que se dispone de más unidades lógicas a las que dar formato y con diferentes funcionalidades. Por tanto, en primer lugar se va a realizar un resumen de las unidades lógicas de las que se dispone y de sus funcionalidades para posteriormente tomar la decisión de qué sistema de ficheros utilizar para cada una de estas particiones.

- **Soportes para el sistema operativo.**

    — **/boot.** Esta partición no requiere de escrituras con *journaling,* puesto que se escribirá en pocas ocasiones. Es una partición especial, ya que no alojará datos relevantes para los usuarios, sino que es parte del arranque del sistema operativo.

— Área de intercambio. Es el espacio reservado del que dispone el sistema operativo para hacer uso de la memoria virtual.

— /. La partición donde estará alojado el sistema operativo no contiene datos de usuarios, y lo que se requiere es un acceso muy rápido a la misma. En esta partición se almacenarán ficheros de configuración de los servicios que están instalados en el servidor.

- **Soporte de almacenamiento de los datos.**

  — **usuarios.** Esta partición es utilizado con los ficheros personales de cada usuario del sistema. En él se pueden almacenar datos locales en el servidor que los usuarios quieran guardar, pero no hay que olvidar que cada programador tiene su propia máquina local con la que trabaja diariamente. Este espacio es utilizado por los programadores como un recurso externo, podría decirse que es un almacén en la nube pero de una gran capacidad que puede servir para sustituir otros servicios de pago. Por lo tanto, el número de accesos que se hará a esta partición es reducido, puesto que no es la partición **/home** con una gran carga de trabajo.

  — **documentacion**. Esta partición es utilizada para albergar documentación, recopilada o creada por los programadores. Es decir, son recursos de lectura o de consulta principalmente; se realizan pocas escrituras en esta partición.

  — **git**. En esta partición se almacenan las copias de los códigos generados utilizando el *software* de control de versiones GIT. Aunque pueda parecer que se realizan muchas escrituras constantemente, esto no es cierto, puesto que todos los programadores desarrollan sus códigos en sus máquinas locales y cada cierto tiempo realizan una integración de su código local con el del servidor. Por lo tanto, en esta partición no habrá una gran cantidad de accesos de lectura ni escritura, puesto que, una vez que los programadores disponen de una versión sincronizada en su máquina local, podrán trabajar a lo largo de la jornada o hasta que realizan una nueva sincronización de datos. La sincronización de datos con el servidor se puede llevar a cabo una vez al día, varias veces en un día o incluso no hacerse durante días, puesto que depende del flujo de trabajo de la empresa.

Después de haber comprendido las funcionalidades y usos que se harán a cada una de las particiones que componen el sistema de almacenamiento, se puede tomar una decisión sobre qué sistema de ficheros es idóneo para cada uno de los casos. El siguiente punto que se aborda es realizar un pequeño análisis razonado de qué sistema de ficheros es ideal para cada una de las circunstancias:

- **FAT12/16/32**. Estos sistemas de ficheros son desechados debido a que la capacidad del mayor es de solamente 4 GB. El sistema de almacenamiento puede que tenga que almacenar ficheros de mayor tamaño en momentos puntuales de su uso. Además de ser un sistema de ficheros privativo de la compañía Microsoft.

- **exFAT**. Este sistema de ficheros se descarta puesto que está orientado a memorias *flash.*

- **NTFS**. Este sistema de ficheros propietario de Microsoft puede ser instalado utilizando una versión compatible obtenida a través de la técnica de ingeniería inversa. Es decir, Microsoft (el fabricante) no proporciona una implementación que pueda ser instalada en otros sistemas operativos que no sean Microsoft Windows. Este hecho provoca que el propio sistema de ficheros tenga un rendimiento inferior que otras soluciones nativas o de código abierto. Además, este sistema de ficheros tiene el inconveniente de que ocupa mucho espacio en su propia gestión.

- **HFS+**. El sistema de ficheros HFS+ se descarta, puesto que es privativo y solamente es utilizado en entornos de la compañía Apple.

- **EXT2**. Este sistema de ficheros está concebido para dar un mayor rendimiento que otras soluciones de la misma familia, puesto que no implementa *journaling.* En este caso, aunque se dispone de la seguridad de RAID 10 y RAID 5, en caso de avería de *hardware* los datos son lo suficientemente críticos para tener seguridad también en la capa de *software.* Por lo tanto, se descarta esta solución a favor de algunas de las versiones actuales de EXT.

- **EXT3 y EXT4**. Los sistemas de ficheros **ext3** y **ext4** son los más estables de la familia de EXT. De hecho, si hubiera que elegir entre alguno de los dos el estado de madurez de **ext4** lo hace una opción más interesante que **ext3**. Ambas implementaciones disponen de *journaling* entre sus características. El sistema de ficheros **ext4** proporciona desfragmentación en tiempo real, lo que es algo interesante a tener en cuenta, ya que este almacén de datos estará sujeto a muchas escrituras en disco. Además, en caso de requerir almacenar un fichero de gran tamaño, este sistema de ficheros se adecúa a las características *hardware* de las que se dispone, puesto que la capacidad de los ficheros de mayor tamaño (16 GB) permitidos en **ext4** es suficiente para el entorno de trabajo.

- **ReiserFS**. Este sistema de ficheros, menos popular que la familia EXT, tiene una serie de desventajas que provocan que se tenga que desechar como posible solución. Entre las desventajas cabe destacar que es imposible realizar desfragmentación de los discos sin requerir la detección del servicio (volcado completo) y que el equipo de desarrollo que lo implementa no es estable y, por tanto, no es recomendable utilizarlo en sistemas de almacenamiento de datos críticos para la empresa.

- **JFS.** A pesar de que JFS proporciona un mejor rendimiento que el sistema de ficheros **ext4,** el uso de este es muy reducido entre las distribuciones de Linux frente al uso de **ext4.** Lo que provoca que en caso de que se produzca algún inconveniente, se encuentre menos documentación que si se dispone del sistema de ficheros **ext4.** Por otro lado, el hecho de que existan problemas en el *journaling* de este sistema de ficheros en algunos casos puntuales hace que sea una opción desechada en la decisión de esta empresa.

- **XFS/BTRFS.** Ambos sistemas de ficheros son los que tienen mayor proyección de utilización en un futuro muy lejano debido a las beneficiosas características que aportan, tanto en seguridad como en rendimiento. A día de hoy, aún no se ha decidido cuál de los dos sistemas de ficheros será el que sustituya a EXT4 como referente entre los sistemas de ficheros. Ambos sistemas de ficheros son totalmente válidos de aplicación en nuestro supuesto práctico.

Después del análisis anterior existen tres sistemas de ficheros totalmente válidos para el supuesto planteado: EXT4, XFS y BTRFS. Por lo tanto, la decisión final reside en la experiencia del administrador y en el momento en concreto que se vaya a implementar el sistema. Es decir, hoy en día (fecha de escritura de este libro) el sistema de ficheros EXT4 está ampliamente extendido y es el que tiene la mayor documentación en caso de desastre por la mayoría de distribuciones Linux. Por lo tanto, tiene ese plus de robustez frente a los otros dos sistemas de ficheros. En cambio, EXT4 será sustituido por uno de los dos sistemas de ficheros XFS/BTRFS en el futuro, o por una nueva versión de sistema de ficheros aún no conocida. Así que en ese supuesto práctico real se deberá tomar la decisión haciendo el análisis de los sistemas de ficheros contemporáneos y las necesidades de almacenamiento (seguridad frente a rendimiento).

Ahora que se tiene un mayor conocimiento de qué uso se hará de cada partición, así como qué ventajas aporta utilizar un sistema de ficheros u otro, se procede a la toma de decisión final.

- **Soportes para el sistema operativo.**
  - **/boot.** Para la partición de arranque en un sistema Linux, se ha tomado la decisión de utilizar el sistema de ficheros EXT2. La razón es debida a que no debe utilizarse una partición que no sea específica para este sistema operativo. Este hecho descarta todos los sistemas de ficheros de empresas

privativas. Por otro lado, los sistemas de ficheros más modernos como EXT4, BTRFS o XFS disponen de características avanzadas como *journaling, snapshots,* soporte para discos SSD que no están optimizados para este tipo de partición. La elección de EXT2 es por su robustez en este tipo de particiones, ya que es una partición pequeña con una clara funcionalidad que no requiere de más funcionalidades.

— Área de intercambio. La partición de área de intercambio no tiene un sistema de ficheros, puesto que no almacena ficheros. Es un tipo de partición especial y tiene su propia implementación. La recomendación al respecto de esta partición es que esté situada junto a la partición de arranque (**/boot**).

— /. La elección del sistema de ficheros de esta partición debería ser una de entre EXT4, XFS y BTRFS. La balanza se inclina hacia BTRFS por el hecho de que este sistema de ficheros está implementado especialmente para su uso en discos SSD. No hay que olvidar que esta partición está configurada sobre un sistema RAID de discos SSD.

- **Soporte de almacenamiento de los datos.**

  — **usuarios/documentacion/git.** *A priori* puede parecer que cada una de estas particiones debe tener un sistema de ficheros diferente debido a que cada una de las particiones tiene unas funcionalidades distintas. No obstante, al analizar el uso de escritura y lectura que se hará sobre cada una de las particiones, así como el nivel de seguridad que se requiere, se llega a la conclusión de que la decisión que se tome sobre el sistema de ficheros que se desea implementar será la misma. Del mismo modo que en otros supuestos similares la decisión recae sobre estos tres sistemas de ficheros XFS, BTRFS y EXT4. Hoy en día es más robusto realizar una elección del sistema de ficheros EXT4 frente a los otros sistemas de ficheros. Eso no quiere decir que haber elegido en el supuesto alguno de los otros dos sistemas de ficheros hubiera sido una mala decisión, según el momento temporal en el que se produzca dicha decisión puede variar la balanza hacia XFS o BTRFS.

El enunciado del supuesto no especificaba nada al respecto de roles y privilegios que se debe definir para cada uno de los programadores. No obstante, hay particiones en las que no deben tener ningún tipo de acceso. En la Tabla 2.7 se especifican los usuarios con privilegios sobre las diferentes particiones según el usuario que intenta interactuar con la misma. Observe que en dicha tabla aparecen dos usuarios especiales: **root** y **git**. El usuario **root** es el administrador del sistema y es el único que podrá acceder a la partición donde se encuentra instalado el sistema operativo. El usuario especial **git** es el encargado de gestionar el servicio de control de versiones GIT instalado en el servidor. Este usuario es utilizado por los programadores para realizar sus operaciones sobre el servidor de control de versiones utilizando como protocolo de comunicación SSH. Los programadores accederán a las particiones **usuarios** y **documentación** utilizando alguna herramienta gráfica instalada en sus máquinas locales, evitando por tanto tener que ejecutar comandos de Linux.

Tabla 2.7. Usuarios con privilegios sobre las diferentes particiones

Usuario	Partición
administrador (root)	Sistema operativo (/)
programador1, programador2, ... programadorN	usuarios
	documentación
git	git

2.5. Migración de datos entre diferentes sistemas

En esta sección se describen los procedimientos que se deben llevar a cabo para realizar la migración de datos entre sistemas de almacenamiento. La migración de datos es una tarea que debe ser realizada por parte de los administradores cuando una organización lleva un tiempo desarrollando sus actividades económicas y no es posible comenzar a generar los datos por su valor para la empresa. Las tareas de migración de datos deben ser llevadas a cabo por todas las empresas, más tarde o temprano. De hecho, la mayoría de sistemas que se encuentran en EXT4 deberán ser migrados, en su debido momento, a un nuevo sistema de ficheros. La facilidad de migración entre sistemas de ficheros de diferentes versiones es proporcionada tradicionalmente por el nuevo sistema de ficheros. Por otro lado, la complejidad de migrar sistemas de ficheros que son radicalmente diferentes entre sí (y no actualizaciones de lo mismo) es intrínseca a los dos sistemas de ficheros que se quieran migrar. Puede suceder que no sea posible realizar una migración de datos de manera directa y haya que recurrir a sistemas de ficheros intermedios o a realizar volcados completos de los datos (con un alto coste computacional y temporal del mismo).

A continuación se va a describir la migración del supuesto #1 donde el servidor NAS tiene instalado un sistema operativo privativo con un sistema de ficheros privativo (NTFS) hacia un sistema de ficheros libre (EXT4). Por otro lado, no se realiza ninguna migración de datos en el supuesto #2, y, por tanto, no se describe en esta sección ningún proceso en el que intervenga dicho supuesto.

2.5.1. Supuesto práctico #1. Empresa de contabilidad

En este supuesto solo habrá que realizar la migración sobre el sistema de almacenamiento que contiene los datos, porque el que contiene el sistema operativo en este caso no perderá información. Sobre el sistema de almacenamiento del sistema operativo, se instalará el nuevo sistema operativo utilizando volúmenes lógicos para poder ampliar las posibilidades de almacenamiento de este servidor NAS y que serán debidamente establecidas en el proceso de instalación con LVM.

Los datos sí serán objeto real de una migración de un sistema a otro y realizando la operación en el menor tiempo posible. Puesto que no hay *software* estandarizado para realizar una conversión de un sistema de ficheros NTFS a EXT4, será necesario volcar los datos a un dispositivo de almacenamiento temporal y con capacidad suficiente.

En primer lugar y antes de realizar ninguna operación, se realizarán copias de seguridad completas, tanto del sistema de almacenamiento del sistema operativo como del que contiene los datos.

Posteriormente se copia todo el contenido de los datos a un dispositivo de almacenamiento externo, en este caso mediante una unidad de disco duro externa conectada a un puerto USB y con un sistema de archivos NTFS para que Windows lo reconozca y lo gestione correctamente y además se podrá montar temporalmente en el nuevo sistema operativo Linux para la transferencia de los datos. Una vez copiados los datos, se desconecta de forma segura esta unidad externa para evitar confusiones y posibles pérdidas de datos en el proceso de migración.

Se instala el nuevo sistema operativo, definiendo volúmenes lógicos mediante la misma utilidad que se proporciona en la instalación del sistema y se configura el punto de montaje para datos en el directorio **/almacen** y se indica que se le aplique formato EXT4 (se recuerda que los datos están copiados en un almacenamiento temporal y desconectado del sistema) y se espera a que termine la carga del sistema.

Una vez ha terminado la carga del sistema, el equipo técnico se encargará de realizar la creación de los usuarios y grupos del sistema, de la instalación y configuración de todas las aplicaciones y servicios de los que estará provisto el nuevo sistema para que pueda ser usado por las computadoras clientes, es decir, se establecerán todos los aspectos de seguridad lógica definidos en la política de seguridad de la empresa y se activará el servicio Samba (**smb**) que será el encargado de gestionar el acceso de las computadoras clientes, que seguirán funcionando con sistemas operativos privativos Windows, a la información.

Finalizado este proceso y una vez verificado, se copiarán los ficheros de datos de la unidad de disco externa a la ruta **/almacen.** Es imprescindible verificar que los datos se han copiado de forma correcta. Puesto que la copia de ficheros entre dos sistemas de ficheros tan diferentes no transfiere ni los propietarios ni los permisos de los ficheros y directorios, será necesario realizar esta operación de asignación de propietarios y permisos sobre los ficheros de datos según la política establecida en la empresa.

Actividades

2.1. ¿Cuál es el sistema de ficheros de los siguientes soportes de almacenamiento?

a. Memoria *flash* de un dispositivo USB.

b. Su ordenador personal.

c. Un sistema operativo de la familia de Microsoft de última generación.

d. Un servidor de datos que requiere seguridad en los datos ante cualquier catástrofe.

2.2. Desarrolle el siguiente supuesto práctico teniendo en cuenta los siguientes puntos:

a. Exponer razonadamente dos posibles planteamientos para el supuesto inicial (con solo los dos discos mecánicos de 500 GB) para el diseño del sistema de almacenamiento (elección de la disposición de los discos y su particionamiento).

b. Implementación de una política de salvaguarda de datos.

c. Elección del sistema de ficheros adecuado para el planteamiento inicial (con solo dos discos mecánicos de 500 GB).

d. Definición de los permisos de los usuarios de acceso a los mismos.

e. Realizar el replanteamiento del servidor para la actualización del sistema de almacenamiento según las siguientes pautas: transcurrido un año, en vista de que la empresa funciona bien y hay más clientes, se decide aumentar el rendimiento del sistema de almacenamiento con dos discos SSD de 256 GB y con dos discos duros más de 500 GB mecánicos con las mismas prestaciones que los que tenía en la implementación inicial y conservando los anteriores.

f. Describir el proceso de migración de los datos tras la actualización/ampliación del sistema de almacenamiento y las tareas previas.

2.3. Una empresa desea disponer de la famosa pila de despliegue de aplicaciones web conocida como LAMP (Linux, Apache, MySQL y PHP) para una tienda virtual en la que venden productos de bisutería. Respecto a los datos que se almacenan en el sistema, todos son de un nivel de seguridad bajo (según la normativa de la LOPD).

Cuando se realicen modificaciones en los ficheros de la aplicación web, será el administrador el encargado de actualizarlos en el servidor (nunca se programa en un servidor en producción), y por tanto existirá una cuenta de usuario para el administrador diferente a la de **root** (el usuario **root** no se utiliza, y menos para realizar conexiones remotas, ya que esta característica debe estar deshabilitada en el sistema).

A su vez existirán un usuario y un grupo que gestionarán el servidor web (Apache) denominados **www-data** y que serán los propietarios de los ficheros donde estará alojada la aplicación web, en **/var/www/tienda.**

Esta aplicación requiere de una base de datos, que en este caso será manejada por el sistema gestor de bases de datos MySQL que se ejecutará en el mismo servidor y que guardará los ficheros de base de datos en **/var/lib/mysql**. El sistema gestor de base de datos es gestionado por el usuario y grupo **mysql.**

La empresa prevé tener muchas visitas diarias, por lo que se generará un gran número de lecturas sobre los dispositivos de almacenamiento.

Los empleados de la empresa tienen un horario laboral de lunes a viernes de 09:30 a 14:00 y de 17:00 a 20:30, y los sábados de 10:00 a 14:00.

El administrador del sistema nos comunica que ha detectado, analizando las estadísticas de conexiones a la página web, que la franja horaria de 21:30 a 23:00 es la que tiene más visitas.

En la Tabla 2.8 se muestran los usuarios de la empresa y la asignación de los diferentes grupos a los que pertenecen.

Tabla 2.8. Especificación de usuarios y grupos

Usuario	Grupos
www-data	www-data
Administrador	wheel, admin
Mysql	Mysql

Los recursos *hardware* de los que dispone la organización para realizar este supuesto son los siguientes:

- Se dispone de un solo equipo informático para albergar todos los servicios y que será el servidor donde se alojan la aplicación web, datos y servicios necesarios como el servidor web y la base de datos.